Libellus

Caesar

Alea iacta est

von Hans-Joachim Glücklich

Ernst Klett Verlag
Stuttgart · Leipzig

Abkürzungen

→	siehe
Abl.	Ablativ
Abl. abs.	Ablativus absolutus
Abl. + Präd.	Ablativ mit Prädikativum
Aci	Accusativus cum infinitivo
Adj.	Adjektiv
Adv.	Adverb
Akk.	Akkusativ
Akt.	Aktiv
ca.	circa
Dat.	Dativ
Dekl.	Deklination
d. h.	das heißt
Dt.	Deutsch
erg.	ergänze
etw.	etwas
f.	feminin
f.	und folgender
ff.	und folgende
Fut.	Futur
Gen.	Genitiv
griech.	griechisch
Ind.	Indikativ
jm.	jemandem
jn.	jemanden
Konj.	Konjunktiv
m.	maskulin
n.	neutrum
Nom.	Nominativ
Obj.	Objekt
Pass.	Passiv
Perf.	Perfekt
Pl.	Plural
Präs.	Präsens
s.	siehe
S.	Seite
Sg.	Singular
usw.	und so weiter
V.	Vers
Vok.	Vokativ

Bildquellennachweis
Umschlag Ullstein Bild GmbH (The Granger Collection), Berlin; 6.1 akg-images (Erich Lessing), Berlin; 6.2 Getty Images, München; 6.3 Interfoto (Alinari), München; 6.4 Corbis (Bettmann), Düsseldorf; 7.1; 7.5 akg-images, Berlin; 7.2; 7.3 Wikimedia Deutschland (PD), Berlin; 7.4 Corbis (Bettmann), Düsseldorf; 21 Ullstein Bild GmbH (The Granger Collection), Berlin; 24 Ullstein Bild GmbH (AISA), Berlin; 32 Ullstein Bild GmbH (Roger-Viollet), Berlin; 34 akg-images (Erich Lessing), Berlin; 49.1 Interfoto (Alinari), München; 49.2 Thinkstock (Photos.com), München; 53 BPK (Münzkabinett, SMB/Dirk Sonnenwald), Berlin; 54 SCALA GROUP S.p.A. (DeAgostini Picture Library), Antella (Firenze); 58 Interfoto (Alinari), München; 66.1 akg-images (Erich Lessing), Berlin; 71 akg-images, Berlin; 73 Bridgeman Art Library Ltd., Berlin; 77 Artothek, Weilheim; 83 Wikimedia Deutschland (PD), Berlin

1. Auflage 1 5 4 3 2 1 | 16 15 14 13 12

Alle Drucke dieser Auflage sind unverändert und können im Unterricht nebeneinander verwendet werden. Die letzte Zahl bezeichnet das Jahr dieses Druckes.

Autor: Hans-Joachim Glücklich, Frankfurt/Main
Redaktion: Dr. Bettina Kratz-Ritter, Göttingen

Gestaltung: Jens-Peter Becker, Schwäbisch Gmünd
Herstellung: Fotosatz Kaufmann, Stuttgart
Druck: AZ Druck und Datentechnik GmbH, Kempten/Allgäu

Printed in Germany
ISBN 978-3-12-623165-7

9 783126 231657

Inhalt

Vorwort 5

Grundwissen 6
1 Autoren 6
2 Politiker im Rom der Jahre 60 – 40 v. Chr. 7
3 Namen und Begriffe 7
4 Berühmte Aussprüche 8
5 Erzähltechniken und Elemente einer Erzählung 8
6 Literarische Gattungen 10
7 Rhetorische Stilmittel 11

1 | **Die Ursachen des Bürgerkriegs** 14
1.1 Caesars Kampf um die Macht in den Jahren 56 – 49 v. Chr. 14
1.2 Caesars Angebot an den Senat 16
1.3 Caesars Darstellung der innenpolitischen Gegner – ihre Motive 18
1.4 Caesars innenpolitische Gegner – sind sie kriminell? 20

2 | **Die Überschreitung des Rubikons** 25
2.1 Caesars Rede an sein Heer in Ravenna 25
2.2 Die Reaktion der Soldaten und der Übergang über den Rubikon in Caesars Darstellung 27
2.3 Der Übergang über den Rubikon in Plutarchs Darstellung 28
2.4 Der Übergang über den Rubikon in Suetons Darstellung 33
2.5 Der Übergang über den Rubikon in der Darstellung des Velleius Paterculus 40

3 | **Clementia Caesaris und Dominatio Caesaris** 45
3.1 Clementia Caesaris – Caesars Verhalten im Bürgerkrieg 45
3.2 Ciceros Urteil über Pompeius und Caesar im Jahre 49 v. Chr. 49
3.3 Clementia – die neue Art zu siegen: Caesar erklärt seine Politik 52
3.4 Cicero beurteilt Caesar und Pompeius – und sich selbst 55

4 | **Caesar und Cicero: Wessen Verhalten führt weiter?** 58
4.1 Zehn Fragen zum Verhalten in einer Diktatur 58
4.2 Caesar wirbt um Cicero 60
4.3 Clementia Caesaris – ein Rückblick aus der Sicht Suetons 62
4.4 Der Dictator kommt zu Besuch 65

5 **Die Iden des März** 67
5.1 Caesars Ermordung in der Darstellung antiker Autoren 67
5.2 Die Iden des März – Caesars Ermordung in der Darstellung Suetons 74
5.3 Cicero gratuliert einem Attentäter 77
5.4 Cicero rechtfertigt „Tyrannenmord" 78
5.5 Dante: Brutus und Cassius – Verräter 82
5.6 Salutati interpretiert Dantes Darstellung des Infernos 84
5.7 Salutati beurteilt Caesars Herrschaft als gut, die Attentäter als Verbrecher 85

Erschließung von Sätzen und Texten 88
1. Gliedern von Sätzen 88
2. Sätze sinngerecht lesen und Sätze verstehen 91
3. Texterschließung – der Textzusammenhang 93

Virtuelle Vokabeldatei 95

Lernwortschatz 96

Literatur 104

Online-Link 623164-0001

Virtuelle Vokabelkartei (Hinweise zur Benutzung → S. 95)

Im Internet finden Sie die Software für die virtuelle Vokabelkartei. Einfach auf www.klett.de gehen und **623164-0001** in das Suchfeld eingeben.
Die Mediencodes verweisen ausschließlich auf optionale Unterrichtsmaterialien; sie unterliegen nicht dem staatlichen Zulassungsverfahren.

Vorwort

Liebe Leserinnen und Leser,

in dieser Textausgabe geht es um so genannte Erinnerungsorte. Die Bezeichnung „Ort" ist dabei nicht wörtlich zu nehmen. Es handelt sich nur manchmal um bestimmte Orte, meistens um Ereignisse und Personen, die sich bis heute in unserem Gedächtnis verankert haben. Weil dies in vielen Menschen vorgeht, spricht man vom kollektiven Gedächtnis und von der kollektiven Erinnerung. Die Erinnerung und das Gedächtnis werden von solchen Ereignissen geprägt, wir denken mit ihnen und unter ihrem Einfluss. Die Gedächtnisorte verankern sich bildhaft, als Bilder, und werden ebenso oft wieder zu Bildern gemacht, ob in lebhaften Schilderungen, Gemälden, Statuen, Festen oder heute in Photographien, Computeranimationen und Filmen. Dies wird schlagartig klar, wenn man an berühmte Beispiele denkt: Jesu Christi Tod am Kreuz, der Kniefall des deutschen Bundeskanzlers Willy Brandt vor dem Mahnmal für die Opfer des Nationalsozialismus in Warschau, das Hissen der Fahne der Siegermächte auf dem Brandenburger Tor, Napoleon zu Pferde, aber auch der hochfliegende Rock Marylin Monroes, Albert Einsteins herausgestreckte Zunge und vieles andere. Die Antike bietet sehr viele solcher Erinnerungsorte, z. B.: Marathon, die 300 Spartiaten, Romulus und Remus unter der Wölfin, der Vesuvausbruch im Jahre 79 n. Chr. Ganz dicht ist die Reihe der Erinnerungsorte aus Caesars Zeit und Leben, z. B.: die Kapitulation des Galliers Vercingetorix, der Übergang über den Rubikon, Caesar und Kleopatra, die Ermordung Caesars (an den Iden des März), die Leichenrede des Marc Anton, die Schlacht von Aktium, in der Octavian Antonius besiegte; einprägsame Sprüche wie *Alea iacta est*.

Alea iacta est heißt nicht: „Die Würfel sind gefallen, basta, jetzt ist die Entscheidung gefällt". Sondern: „Der Würfel ist hochgeworfen, mal sehen, welche Zahl nach oben zeigt, wenn er zu Boden gefallen ist." Das Spiel ist also offen. Dabei hofft man auf das Glück, Caesar rechnete sogar fest damit. (Vgl. Aussprüche → Grundwissen 4, S. 8.)

Diese Lektüreausgabe enthält Texte zu Caesar und seiner Politik, zu seinen Gegenspielern und deren Politik, zu den berühmten „Gedächtnisorten" aus der Zeit zwischen 50 und 44 v. Chr. Viele Autoren haben darüber geschrieben. Die Texte in dieser Ausgabe stammen vorwiegend von den Autoren Caesar, Cicero, Plutarch und Sueton (→ Grundwissen 1, S. 6). Dort, wo es sinnvoll ist, werden weitere Autoren aus späterer und heutiger Zeit berücksichtigt.

Die Ausgabe will Ihnen helfen, das wichtige Thema verantwortlich und auch mit Freude zu behandeln. Sie bietet dazu: übersichtlichen Druck; Lesevokabeln für die Arbeit am Text an dessen Rand; Zusammenstellung von Lernvokabeln und eine Übersicht über die vorausgesetzten Vokabeln des Grundwortschatzes; Anregungen zur Erschließung der Texte in den „Arbeitsaufträgen zur interpretierenden Texterschließung", andere Interpretationsaufgaben, Vergleich mit Bildern und Filmen. Informationen und Begleittexte sowie einige weitergehende Erläuterungen direkt unter den Texten bereiten ein gutes Textverständnis vor. Sie werden die Bedeutung der Gedächtnisorte erkennen und auch verspüren können. Die erkannten Ereignisse der Antike und die Auseinandersetzung mit ihnen können so dazu dienen, sich in der Gegenwart zu orientieren.

Hans-Joachim Glücklich

Grundwissen

1 Autoren

Gāius Iūlius Caesar (100 – 44 v. Chr.) schrieb trotz seiner fast ständigen Tätigkeit in staatlichen Ämtern, als Feldherr und Dictator die beiden berühmten Werke *Commentarii de Bello Gallico* („Der Gallische Krieg") und *Commentarii de Bello civili* („Der Bürgerkrieg"). Unter seinem Namen laufen auch die kleineren Werke *Bellum Africānum* („Krieg in Afrika"), *Bellum Hispaniēnse* („Krieg in Spanien") und *Bellum Alexandrīnum* („Krieg in Alexandria"). Diese Werke sind aber wie das 8. Buch des *Bellum Gallicum* nicht von Caesar geschrieben, sondern wohl von je einem seiner Generäle. Römische Feldherrn waren umfassend gebildete Aristokraten, die sich oft auch literarisch betätigten.
Caesar schrieb auch ein Werk über die Verwendung der Sprache. Ferner sind Briefe von ihm erhalten.

Mārcus Tullius Cicerō (106 – 43) schrieb unendlich viel. Man teilt sein Riesenwerk ein in: Reden; rhetorische Werke über Wesen, Anwendung und Gestaltung der Rhetorik (Redekunst); philosophische Werke (zu Staatstheorie, Ethik, Religion); Briefe (von denen sehr viele erhalten sind) und andere Werke (die nicht alle erhalten sind). Man kann sehen, wie sehr Cicero tatsächlich oder vermeintlich vom jeweiligen Geschehen seit Caesars Überschreiten des Rubikons betroffen oder sogar an ihm beteiligt war. Aus Ciceros Briefen, aber auch anderen Werken, z. B. *de dīvīnātiōne, „Über die Wahrsagung"*, *Philippicae, „Philippische Reden"* (Reden gegen Antonius in der Art, wie sie einst der Athener Demosthenes gegen Philipp von Makedonien gehalten hat, der Athen zum Teil seines Reichs machen wollte) kann man erkennen: den Anteil seiner tatsächlichen oder vermeintlichen Beteiligung und die wechselnden Beurteilungen Caesars, der Attentäter und des Attentats.

Plutarch aus Chaironeia (50 – 120 n. Chr.) schrieb viele Werke, darunter die *Bioi paralleloi* griechischer und römischer Staatsmänner (frei übersetzt: „Vergleichende Lebensbeschreibungen"). Der Lebensbeschreibung Caesars stellt er die Alexanders des Großen an die Seite.

Sueton (sprich: Swetón): C. Suētōnius Trānquillus (70 – 130 n. Chr.) schrieb u.a. *Vītae Caesarum*, „Kaiser-Biographien", Lebensbeschreibungen Caesars und der Kaiser von Augustus (Regierungszeit 30/27 v. Chr. – 14 n. Chr.) bis Domitian (Regierungszeit 81 – 96 n. Chr.).

2 Politiker im Rom der Jahre 60 – 40 v. Chr.

Gāius Iūlius **Caesar** (100 - 44 v. Chr.), Dictator in Rom von 49 - 44 v. Chr.

Gnaeus **Pompēius** Magnus (106 - 48 v. Chr.), harter politischer Gegner Caesars und sein letztlich unterlegener Konkurrent um die Macht (95 - 46 v. Chr.).

Mārcus Tullius **Cicerō** (106 - 43 v. Chr.), eigenständiger Politiker mit wechselnden Haltungen zu Caesar und Pompeius, gleichzeitig eine eigene Machtstellung und die Rettung oder Wiederherstellung einer republikanischen Verfassung anstrebend.

Mārcus Porcius **Catō**, der Jüngere (95 - 46 v. Chr.): hartnäckiger politischer Gegner Caesars.

Mārcus Iūnius **Brūtus**, Verschwörer gegen Caesar (85 - 42 v. Chr.).

Gaius **Cassius** Longīnus, Verschwörer gegen Caesar (85 - 42 v. Chr.).

Mārcus Antōnius (ca. 82 - 30 v. Chr.), bekämpfte mit Octavian die Caesarmörder, stritt dann mit Octavian um die Nachfolge Caesars und unterlag Octavian.

Gāius Caesar **Octāviānus**, seit 27 v. Chr. mit dem Beinamen **Augustus** (63 v. Chr. - 14 n. Chr.).

3 Namen und Begriffe

Rubikon: Grenzfluss zwischen dem italischen Mutterland und der Provinz *Gallia cisalpina* (Norditalien).
clēmentia Caesaris: Caesars Milde - seine Politik der Schonung besiegter Kriegsgegner, sowohl ganzer Völker wie einzelner Führer; Schonung auch besiegter römischer Widersacher. Ziel war stets, die Besiegten zur Zusammenarbeit mit Caesar oder zur Propaganda für ihn zu bringen.
Tyrannis: Das Wort „Tyrannis" meint ursprünglich „Alleinherrschaft", kann also auch die Monarchie und die Regierung durch einen guten, rechtlich denkenden König meinen (*rēgnum*). Später verschlechterte sich die Bedeutung des Wortes. Sowohl in griechischen Gebieten als auch in Rom gab es grausame und unrechtliche Alleinherrscher. Das sind Tyrannen im heutigen Sinn. Den Römer war das Wort *rēx* seitdem verhasst oder verdächtig. *Rēgnum* („Königsherrschaft") erschien als *dominātiō* („Zwangsherrschaft").
Dictātor: Die römische Republik, deren Verfassung mit Senat und Volksversammlungen einer Demokratie ähnlich war, kannte für Notzeiten die Übertragung der Macht an einen einzigen Befehlsberechtigten. Dieser wurde für ein halbes Jahr gewählt und hieß *Dictator*. Danach trat er zurück. Das Wort ist das Substantiv zu *dictāre*. Dieses ist verbum frequentativum oder intensivum zu *dīcere* und meint: „immer wieder sagen" oder „ganz alleine

Gnaeus Pompēius Magnus

Mārcus Porcius Catō

Mārcus Iūnius Brutus

Mārcus Antōnius

Gāius Caesar Octāviānus

ein Machtwort sagen". Die Institution des *Dictators* gibt es seit dem 5. Jahrhundert v. Chr., wurde aber später missbraucht, als sich Herrscher zum Dictator für 10 Jahre oder auf Lebenszeit machen ließen. Dadurch erhielt das Wort „Diktator" die heutige Bedeutung.

Iden des März: 15. März (44 v. Chr.), Tag der Ermordung Caesars während einer Senatssitzung. Die Römer bezeichneten die Monatsmitte als *Īdūs* (der 13. bzw. 15. eines Monats). Die erstaunlich komplizierte römische Datumsbezeichnung hat dazu geführt, dass man wissen muss, in welchen Monaten die Monatsmitte am 13., in welchen am 15. ist. Man merkt sich dies mit der MILMO-Regel. MILMO-Monate – **M**ärz (Mārtius), **J**uli (Iūlius, vor Caesar: Quīntilis), **M**ai (Māius) und **O**ktober (Octōbris) – haben die Monatsmitte am 15.

4 Berühmte Aussprüche

Caesar, der Meister des Worts, der Planung wie der Improvisation, war sich der Wirkung von Aussehen, Auftreten und Äußerungen bewusst. Viele seiner Aussprüche gehören zum Welterbe. Sie werden noch heute verwendet, entweder einfach zitiert oder auf eigene Situationen angewendet. Die bekanntesten sind:

Dort sind die Feinde: Caesar zu einem Fahnenträger seines Heeres, als dieser fliehen will. Er dreht ihn in die Gegenrichtung und bringt ihn zur Pflichterfüllung.

Quirītēs! „Quiriten" (= Bürger Roms): Caesars Anrede an die Anführer meuternder Soldaten. Er nennt sie nicht wie üblich *commīlitōnēs* (Kameraden), sondern macht sie mit dem feierlichen Ausdruck (= „zur Volksversammlung Gerufene") auf ihre Staatsbürgerpflicht aufmerksam.

Iacta alea est, „Der Würfel ist geworfen": Caesars Ausspruch nach seiner Entscheidung, den Rubikon zu überqueren und damit den Bürgerkrieg auszulösen, dessen Ausgang unsicher war. (Man weiß noch nicht, welche Zahlen der gerade hochfliegende Würfel beim Fallen zeigen wird.)

Du trägst Caesar und sein Glück (griechisch überliefert, im Lateinischen noch kürzer: **Caesarem vehis,** „du fährst Caesar": Als Caesar seine zögernden Truppen aus Brindisi nach Dyrrachium in Griechenland holen will und der Steuermann seines Schiffes wegen eines Sturmes umkehren will, widerspricht Caesar und zeigt mit dem Ausspruch sein unerschütterliches Selbstvertrauen.

Vēnī, vīdī, vīcī, „Kam, sah, siegte": Charakterisierung seines Blitzsieges im Jahr 47 über Pharnakes, König von Pontus (Kleinasien).

Teneō tē, Āfrica, „Ich halte dich, Africa": Geistesgegenwärtige Umdeutung seines Sturzes bei der Landung in Africa in eine bewusste Aktion. (Caesar hatte wohl ab und zu epileptische Anfälle.)

Kaì sy, téknon, (griechisch: „Auch du mein Kind"), auch zitiert als: **Tu quoque, mi fīlī:** Caesars letzte Worte, gerichtet an seinen Mörder Brutus, der möglicherweise ein uneheliches Kind Caesars war.

5 Erzähltechniken und Elemente einer Erzählung

Erzählstile

1. Personaler Erzählstil: In Geschichtswerken kann der Autor alles in chronologischer Abfolge von Anfang bis Ende erzählen. Der Autor kennt den ganzen Ablauf der Geschichte, tut aber so, als wüsste er nicht mehr als der Leser und erfahre mit ihm jeweils die neuen Ereignisse.

2. Auktorialer Erzählstil: Der Autor (lateinisch *auctor*) kann sein umfassendes und übergreifendes Wissen immer wieder zeigen, mal zurückblenden, mal voraus andeuten.

Erzählzeit und erzählte Zeit

Erzählzeit: die Zeit, die der Autor zur Darstellung eines Ereignisses bzw. der Leser zu dessen Lektüre braucht;

erzählte Zeit: die Zeit, die der dargestellte Vorgang tatsächlich brauchte.
Es gibt selten 1:1-Darstellungen, in denen der Bericht genauso viel Zeit benötigt wie das geschilderte Ereignis. Man kann den Verlauf eines Geschehens kurz darstellen, dann ist die Erzählzeit kürzer als die erzählte Zeit. Oder man kann ein einzelnes Ereignis sehr ausführlich darstellen, dann ist die Erzählzeit länger als die erzählte Zeit. Dabei gibt es alle Zwischenstufen. Es kommt oft auf die vom Leser „gefühlte" Zeit an.

Abschnitte und Elemente in Geschichtswerken und Epen

1. Bericht von Vorgängen: Der Bericht hat den größten Anteil an einem Geschichtswerk. Er erfolgt ausführlich oder kurz, verwendet verschiedene Tempora, je nach Ziel des Berichts. Beim Bericht von Vorgängen ist das **Erzähltempus** das narrative Perfekt; es gibt die einzelnen Etappen eines Handlungsablaufs an. Das narrative Perfekt wird im Deutschen mit dem Präteritum wiedergegeben (*cognōvit:* er erkannte, er erfuhr).
Dauernde **Zustände** oder wiederholte Handlungen der Vergangenheit stehen im (durativen bzw. iterativen) Imperfekt. Auch das Imperfekt wird im Deutschen mit dem Präteritum wiedergegeben.
Rückgriffe auf Ereignisse, die vor dem erzählten Handlungsablauf bzw. vor der jeweiligen Etappe liegen, stehen im Plusquamperfekt. Auch im Deutschen wird dazu das Plusquamperfekt verwendet.

2. Szenische Darstellung einzelner Vorgänge: Der Autor tut so, als wäre er wie ein Reporter direkt beim Geschehen dabei. Er erstellt eine Nahaufnahme. Dazu verwendet er statt des Erzählperfekts das szenische Präsens („Reportagepräsens"). Viele Lehrbücher sagen dafür „historisches Präsens", wobei sie an die Grundbedeutung des Wortes „historisch" denken: „erzählend". In der Übersetzung sollte man das Reportagepräsens auch als Präsens wiedergeben, denn sonst geht der Effekt verloren, den der Autor anstrebt.

3. Beschreibung eines Zustands: Der Erzähler unterbricht den Ablauf des Berichts und beschreibt eine Situation, Zeitumstände, Örtlichkeiten näher. Die Handlung geht nicht weiter. Solche Beschreibungen stehen meist im Präsens oder im konstatierenden („feststellenden") Perfekt (auch im Deutschen Perfekt).

4. Charakterisierungen von Personen, so genannte Charakteristiken:

Personen handeln. Ihr Charakter beeinflusst das Handeln. Handlungen werfen ein Licht auf die handelnden Personen. Deswegen enthalten Erzähltexte Charakteristiken der handelnden Personen. Diese können auf zweierlei Weise erfolgen:
a) als **direkte Charakterisierung:** Der Autor macht wertende Bemerkungen oder lässt andere Personen solche wertenden Bemerkungen machen: mit Adjektiven (Nennung von Eigenschaften und Verhaltensweisen), mit Substantiven (z. B. durch Wertbegriffe, Beurteilungskategorien, Vergleiche, Gegenbeispiele) und mit qualifizierenden Adverbien (z. B. „in unverschämter Form", „in frecher Haltung").
b) als **indirekte Charakterisierung:** Die dargestellten Person machen durch Verhaltensweisen, Handlungen und Reden einen positiven oder negativen Eindruck. Die indirekte Charakterisierung verwendet viele Verben und auch Adverbien.

5. Wiedergabe von Reden:
Der **Redebericht** gibt den Inhalt mit den Worten des berichtenden Autors wieder. In einer **direkten Rede** zitiert der Autor angeblich oder tatsächlich den Redenden und lässt ihn so direkt zu den Lesern sprechen. In der **indirekten Rede** lässt der Autor den Redner nicht direkt zum Leser sprechen. Er distanziert sich entweder von ihm oder

lenkt die Beobachtung des Lesers in seinem Sinn. In keinem antiken Geschichtswerk ist davon auszugehen, dass dargestellte Reden tatsächlich so gehalten worden sind wie vom Autor formuliert. Manchmal hat der Autor Unterlagen, z. B. veröffentlichte Reden, oder Protokolle. Meist aber schreibt er die Reden so, dass sie zu seiner Darstellungsabsicht passen.

6. Betrachtungen und Erörterungen. Der Autor äußert Meinungen und Gedanken über Hintergründe oder Sinn des dargestellten Geschehens. Werden diese Darlegungen sehr umfangreich, nennt man sie oft „Exkurse". Das meint wörtlich „Herausgehen", also ein Verlassen des Erzählzusammenhangs. Betrachtungen und Erörterungen stehen im Präsens oder im konstatierenden („feststellenden") Perfekt (auch im Deutschen Perfekt). Wenn aber ein Exkurs in sich wieder eine Erzählung enthält, dann gelten die Erklärungen für das Tempus in Berichten.

7. Sentenzen, Bemerkungen des Autors in eigenem Namen: Der Autor vermittelt seinen Lesern in einer Redensart oder einem Lehrsatz eine Belehrung oder ein Resultat. Diese stehen meist im Präsens, manchmal im feststellenden Perfekt.

Hinweis zu den Tempora: Die Funktion ein und desselben Tempus kann je nach Zusammenhang verschieden sein. Ist das meiste im Präsens geschildert, fallen die Teile im Perfekt auf – und umgekehrt.

6 Literarische Gattungen

Die Texte dieser Ausgabe gehören meist einer der folgenden literarischen Gattungen an:
Commentarii: eigentlich schriftliche Aufzeichnungen, für ein Geschichtswerk verwendet. Caesar verwendet den Bescheidenheit zeigenden Ausdruck für seine klug aufgebauten und stilistisch ausgefeilten Darstellungen des Krieges in Gallien und des Bürgerkriegs.

Historien, Geschichtsschreibung: Darstellung der Weltgeschichte oder einzelner Teile daraus mit den oben beschriebenen Elementen eines Erzählwerks (→ Grundwissen 5).

Biographie: Darstellung des Lebens eines Einzelnen vor dem Hintergrund seiner Zeit und mit Hervorhebung der Bedeutung der dargestellten Person für seine Zeit oder für später. Die Person kann gute oder schlechte Beispiele geben. Der Aufbau kann der Chronologie des Lebens folgen, aber auch anderen Gesichtspunkten. Sueton verwendet in seinen Lebensbeschreibungen römischer Kaiser Gesichtspunkte, die bei den Römern wichtig für die Beurteilung einer Persönlichkeit waren:
Herkunft, Geburt, Erziehung, Erreichen der Volljährigkeit (Anlegen der *toga virīlis*, der Erwachsenentoga ohne den Purpursaum der Kindertoga), Anfänge der Ämterlaufbahn, Taten in Kriegen, private Lebensführung (darunter auch erotische oder sexuelle Besonderheiten), Vorzeichen (sogenannte Prodigien), Tod und letzte Worte, Testament. Diese Gesichtspunkte werden je nach Kaiser in verschiedener Reihenfolge mit vielen Details und Zitaten von Zeitgenossen oder anderen Autoren dargestellt.

Brief: Mitteilungen an einen Partner, Geschäftsfreund, Politiker oder sogar Gegner, manchmal kurz, manchmal lang, manchmal konzentriert auf ein Thema, manchmal zu vielen Themen Stellung nehmend.
Manche Briefe sind nur aus dem Zusammenhang mit der Zeit oder anderen Briefen verständlich, manche Briefe sind als Kunstwerk gestaltet, das auch ohne direkten Zusammenhang mit einem Briefwechsel verstanden werden kann. Die Bandbreite der Briefe Ciceros reicht von einer schnellen Nachricht oder einem kurzen Gruß bis zu hochoffiziellen sorgfältig komponierten Briefen. Je nach Zweck, Stimmung und Adressat kann die Sprache hoch oder einfach

sein. Witze, Zitate, Anspielungen fließen ein.

Antiken-Film: Nach unterschiedlichen Gesichtspunkten gestaltete Version antiker Ereignisse, manchmal als Geschichtsablauf, manchmal als Biographie. Auf den Film lassen sich die Kriterien des Aufbaus von Erzählwerken anwenden (→ Grundwissen 5). Der Film arbeitet aber auch mit Beeinflussung durch Kameraführung, Beleuchtung, Schauspielertypen, Zitaten aus anderen Filmen. Er muss wie Gemälde ständig die Personen und Szenen mit tatsächlichem oder vermuteten antiken Gegenständen ausstatten. Er kann schneller die Szenen wechseln als jeder Text. Andere Bezeichnungen: Antik-Film, Monumentalfilm, Epic.

7 Rhetorische Stilmittel

Die Arbeitsvorschläge zu jedem Kapitel beginnen oft mit einer Anregung, Ausdrücke zu bestimmten Wortfeldern zu sammeln. Die meisten Kapitel haben mehrere Wortfelder. Der Zusammenhang wird durch eine Kombination der Wortfelder hergestellt. Viele Wörter eines Wortfelds kann man erwarten, weil sie üblich sind. Andere Wörter gehören nur im speziellen Zusammenhang des Kapitels zu dem Wortfeld. Sie wirken überraschend. Der Autor verwendet dazu spezielle Mittel. Er kann z. B. Wörter im übertragenen Sinn (metaphorisch) verwenden. Er kann Dinge mit demselben Wort wiederholen, aber auch mit einer Umschreibung. Ebenso kann er Wortfolge und Satzbau ungewöhnlich gestalten, um auf den Leser einzuwirken.

1. Metapher: Ein Wort wird durch ein anderes Wort ersetzt, das mit ihm in einem Vergleichsverhältnis steht. „Er war ein Löwe in der Schlacht" = er kämpfte wild wie ein Löwe. Text 2.5, S. 41 (48,3): *bellō cīvīlī … nōn alius maiōrem flāgrantiōremque … quam … Cūriō subiēcit facem*, „für den Bürgerkrieg aber und für so viele Übel, die dann durch zwanzig Jahre ohne Unterbrechung gefolgt sind, hat niemand anders einen Brand angelegt, der größer war und heißer loderte, als der Volkstribun C. Curio".

2. Metonymie („Wortvertauschung"): Ersatz eines Wortes durch ein anderes aus demselben Sachfeld.
Text 3.4 §3, S. 41: *ēlāpsus ē socerī manibus ac ferrō*, „den Händen und dem Eisen des Schwiegervaters entkommen".

3. Ironie („Verstellung"): Beschreibung einer Sache oder einer Person nicht mit dem eigentlich passenden Wort, sondern mit dessen Gegenteil (das aber nicht gemeint ist).
Text 3.4 §4, S. 56: *summōrum imperātōrum*, „höchste Befehlshaber", was die Stellung beschreibt, aber „menschlich gar nicht hochstehende Befehlshaber" meint.

4. Asyndeton („unverbunden"): Auslassung der Konjunktionen zwischen gleichgeordneten Sätzen oder Satzgliedern.
Text 3.2, §2, S. 49: *omnia maria movēre, rēgēs barbarōs incitāre, gentēs ferās in Ītaliam armātās addūcere, exercitūs cōnficere maximōs*; „alle Meere aufwühlen, Barbarenkönige aufstacheln, wilde Völker in Waffen gegen Italien heranführen, Heere von riesiger Größe zusammenstellen".

5. Polysyndeton („verbunden", „mehrfach verbunden"): Verwendung von Konjunktionen zwischen gleichgeordneten Sätzen oder Satzgliedern.
Text 1.2, §3, S. 17 (*BG* 8,55,3): *neque sibī neque patriae*, „weder sich noch dem Vaterland".

6. Hendiadyoin (griechisch: „eins durch zwei"): Verwendung zweier Substantive zum Ausdruck eines Gedankens statt nur eines Substantivs mit einem modifizierenden Attribut oder zweier Verben statt nur eines Verbs mit einer adverbialen Bestimmung.
Text 2.5, S. 42 (48,5): *discussit ac rūpit*, „rüttelte auseinander und zerbrach".

7. Klimax (griech., wörtlich „Leiter"): Anordnung von Wörtern in der Art, dass die Bedeutung sich steigert.
In Text 1.4 erfolgt die gesamte Anordnung der Sätze in steigernder Abfolge.

8. Dihaerese („Zerlegung"): Aufzählung vieler Teile eines Ganzen. Der Oberbegriff kann dabei genannt sein oder nicht. („Amsel, Drossel, Fink und Star und die ganze Vogelschar").
Text 1.4, § 8, S. 21: *omnia dīvīna hūmānaque iūra permiscentur,* „alle göttlichen und menschlichen Rechte werden durcheinandergebracht" als am Ende stehendes Thema des ganzen Kapitels.

9. Anapher („Wiederaufnahme"): Wiederholung desselben Wortes oder derselben Wortgruppe am Beginn aufeinander folgender Sätze oder Satzabschnitte. Das Wort zieht dadurch die Aufmerksamkeit auf sich und prägt sich ein. Manchmal hat die Anapher einen hymnischen Effekt.
Text 3.2, § 2, S. 49: *omnes terrās, omnia maria movēre;* „alle Länder, alle Meere beunruhigen".

10. Polýptoton („mehrere Fälle"): Wiederholung eines Wortes im selben Satz in verschiedenen Kasus, also mit verschiedenen Endungen.
Text 1.2, §3, S. 17: *sē neque sibī neque patriae dēfutūrum,* „er werde weder sich selbst noch das Vaterland im Stich lassen".

11. Parellelismus: Verwendung ähnlicher Strukturen in zwei oder mehr Sätzen oder Satzabschnitten.
Text 3.2, §2, S. 49: *Nec vērō ille urbem relīquit, quod eam tuērī nōn posset, nec Ītaliam, quod eā pelleretur;* „und bestimmt hat dieser die Stadt nicht deswegen verlassen, weil er sie etwa nicht schützen könnte, und nicht deswegen, weil er aus ihr vertrieben worden wäre".

12. Chiasmus: Umgekehrte und dadurch spiegelbildliche Reihenfolge der Satzglieder in zwei aufeinander folgenden Sätzen oder Satzabschnitten.
Text 2.5 (48,6, S. 42): *sine invidiā in rē pūblicā flōruerunt ēminuēruntque sine perīculō,* ohne verhasst zu sein, waren sie im Staate angesehen, und sie ragten heraus (waren prominent), ohne in Gefahr zu kommen. Abfolge: adverbiale Bestimmung - Prädikat, dann spiegelbildlich Prädikat - adverbiale Bestimmung.

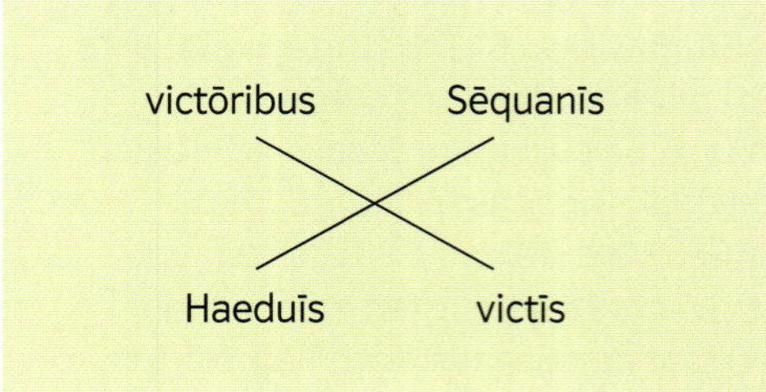

13. Hyperbaton („Hinüberspringen"): Zwei zusammengehörende Wörter, sind durch ein anderes Wort getrennt. Wenn das erste Wort ein Attribut ist, muss man es im Kopf behalten, bis das zugehörige Substantiv erscheint, erst dann kann man es darauf beziehen. Wenn das Attribut später als das Substantiv kommt, wirft es rückwirkend ein neues Licht auf den Inhalt des Substantivs. In beiden Fällen wirkt der Inhalt des Attributs länger.
Text 2.5 (48,1, S. 40): *intrā breve deinde spatium,* „innerhalb kurzer Zeit dann"; *gravissimā temptātus valetūdine,* „von einer sehr schweren Krankheit angegriffen"; Text 3.2 (8,11,2, S. 49): exercitūs cōnficere maximōs, „Heere zusammenstellen, riesige".

14. Klangwirkungen durch

a) **Homoioteleuton:** Eine Folge von Wörtern hat dieselbe Endung.
Text 2.5 (48,6, S. 42): *initium bellarum civilium,* „der Anfang des Bürgerkriegs".

b) **Homoióptoton** („mit gleichem Fall"): Abfolge von Wörtern im selben Kasus und mit derselben Endung.
Text 2.5 (48,5, S. 42): *Hārum praeteritārumque rērum ōrdō,* „die Reihenfolge dieser vergangenen Ereignisse".

c) **Alliteratión** (Stabreim): Eine Folge von Wörtern beginnt mit demselben Buchstaben. Text 1.3, §4, S. 19: *cum commūnibus inimīcīs*, „mit den gemeinsamen Gegnern" (*c*-Alliterationen wurden als unangenehm empfunden).

d) **Binnenreim:** In einem Satz werden sich reimende Wörter verwendet.
Text 1.3, §4, S. 19: *tōtum sē ab eius amīcitiā āverterat et cum commūnibus inimīcīs in grātiam redierat, quōrum ipse maximam partem illō adfīnitātis tempore iniūnxerat Caesarī*, „Er hatte sich ganz von der Freundschaft mit ihm abgewendet und sich mit den gemeinsamen Gegnern ausgesöhnt, von denen er die meisten in jener Zeit der Verwandtschaft (*mit Caesar*) Caesar verschafft hatte."

e) **Assonanz:** klangvolle Vokalwiederholung. Text 1.3, §1, S. 18: *cōnsulis, Scipiōnis, Catōnis.*

15. Epimoné („Verweilen, Aufenthalt"): Wiederholung eines Gedankens in einem weiteren Satz oder Ausdruck.
Text 3.2, §2, S. 50: *An cēnsēs / nihil inter eōs convenīre, nūllam pactiōnem fierī potuisse?* „Oder bist du der Meinung, sie hätten nicht zu einer Einigung finden können, es hätte kein Bündnisvertrag geschlossen werden können?"

16. Antithese („Gegenüberstellung, Gegensatz"): Nebeneinanderstellung von gegensätzlichen Gedanken.
Text 2.1, §4, S. 25: *Pompēium, quī āmissa restituisse videātur bona, etiam, quae ante habuerint, adēmisse*, „Pompeius, der scheinbar die verlorenen Werte wiederhergestellt habe, habe sogar fortgenommen, was sie vorher besessen hätten".

17. Rhetorische Frage: Frage, die keine Antwort will, sondern etwas behauptet.
Text 3.2, §2, S. 50: *An cēnsēs nihil inter eōs convenīre potuisse?* „Oder bis du der Meinung (= du bist bestimmt nicht der Meinung), sie hätten nicht zu einer Einigung finden können?"

1 Die Ursachen des Bürgerkriegs

1.1 Caesars Kampf um die Macht in den Jahren 56 – 49 v. Chr.

Historische Informationen

a) Als Caesar im Jahre 49 seine Tätigkeit in den gallischen Provinzen beenden wollte, hatte er alle gallischen Völker teils zu Verbündeten, teils zu Untertanen des römischen Volkes gemacht und ihnen die Kraft zum Widerstand gegen Rom genommen. Caesar hatte militärische Macht und Vermögen angehäuft, war aber trotzdem in keinem Amt, das ihm in Rom selbst unmittelbaren Einfluss erlaubte. Die Lage war für Caesar ungünstiger als früher. Pompeius, sein Konkurrent im Kampf um die Macht, strebte jetzt viel offenkundiger die Vorherrschaft an und wurde dabei von der Mehrheit des Senats unterstützt, weil diese die Hoffnung aufgegeben hatte, sich gegen Pompeius und Caesar zugleich durchzusetzen, und in Pompeius offenbar den weniger gefährlichen Mann sah. Die Folgen der veränderten Lage waren teils Zurücksetzungen für Caesar, teils gefährliche Hindernisse auf dem Weg zur Macht.

b) Pompeius hatte Caesar noch im Jahr 52 zugesagt, über seine Provinzen solle nicht vor dem 1. März 50 im Senat beraten werden. Er werde nichts dagegen einwenden, wenn Caesar bis Ende 49 seine Provinzen behalte und sich währenddessen in Abwesenheit um das Konsulat für 48 bewerbe. Er gab den Volkstribunen die Empfehlung, ein entsprechendes Gesetz durch die Volksversammlung beschließen zu lassen.

Durch diese Abmachung und durch dieses Gesetz hätte es Caesar vermeiden können, seine Heere abzugeben und ohne dieses Machtpotenzial in Rom einer Anklage wegen Unregelmäßigkeiten in seiner gallischen Amtsführung ausgesetzt zu werden. Insbesondere wegen seiner eigenmächtigen Kriegsführung ohne Senatsbeschluss bereitete Cato eine solche Anklage vor.

Die Abmachung zwischen Caesar und Pompeius wurde aber von der anticaesarianischen Mehrheit des Senats durchkreuzt. Der Senat hatte sich nicht auf die Wahl zweier Konsuln einigen können. Daher wollte sich Pompeius zum Dictator (Alleinherrscher → Grundwissen 3) machen lassen.

Der Senat ernannte aber Pompeius nur zum Konsul ohne Kollegen *(cōnsul sine collēgā)*. Ein *dictātor* konnte mittlerweile auch auf Lebenszeit gewählt werden. Demgegenüber war die Wahl zum *cōnsul sine collēgā* weitaus weniger wert. Ein Konsul, auch einer ohne Kollegen, wird nur für ein Jahr gewählt. Machtteilung und zeitliche Beschränkung des Amtes – also Kollegialität und Annuität – sollten verhindern, dass ein Mann sich zum Alleinherrscher aufschwang. Der Senat war nun erst einmal von der Verlegenheit befreit, sich auf zwei Konsuln einigen zu müssen. Aber er hatte auch nicht die Alleinherrschaft des Pompeius zu befürchten, sondern dieser war weiterhin auf die Zustimmung des Senats angewiesen, wenn er sein Amt erneuern wollte.

Ebenfalls 52 v.Chr. beschloss der Senat, römische Stadtbeamte – also die Konsuln und Prätoren – dürften nicht unmittelbar nach dem Ende ihrer einjährigen Amtstätigkeit die – gewinnbringende – Verwaltung einer Provinz antreten, sondern erst einige Zeit später. Damit wollte der Senat vermeiden, dass die Ämter nur zur Ausbeutung einer Provinz angestrebt wurden. Das hätte im Fall der gallischen

Provinzen bedeutet, dass für sie erst im Jahr 48 Kandidaten zur Verfügung standen. Caesar hatte 59 v.Chr. Gallia cisalpina und Illyrien für fünf Jahre bis zum 1. März 54 zugesprochen bekommen und kurz darauf auch Gallia Narbonensis (Gallia ulterior); 55 war seine Statthalterschaft um fünf Jahre bis zum 1. März 49 verlängert worden. Weil aber in dem erwähnten Gesetz zusätzlich bestimmt worden war, dass für die Zwischenzeit – also bis die gerade tätigen Konsulare und Prätoren nach der neuen Fünfjahresfrist für die Provinzverwaltung zur Verfügung stünden – Magistrate (Beamte) früherer Jahre in die Provinzen gesandt werden sollten, konnte man nun Caesar bereits im Jahr 51 auffordern, sein Amt in Gallien zum 1. März 50 abzugeben. Caesar wäre so längere Zeit ohne Amt und Militär gewesen und hätte sich dem gegen ihn angestrebten Prozess in Rom nicht entziehen können.

Ferner bestimmte ein weiteres Gesetz, dass sich ein Amtsbewerber nun wieder persönlich in Rom melden müsse. So wäre Caesar durch beide Gesetze gezwungen gewesen, erstens für längere Zeit ohne Amt und ohne eigene Heere zu sein, zweitens zur Bewerbung um das zweite Konsulat selbst nach Rom zu kommen und drittens sich – ohne Schutz durch sein Amt und ohne Drohmittel im Hintergrund – dem Prozess wegen seiner Amtsführung in Gallien zu unterziehen.

Beide Gesetze hatte letztlich der Konsul Pompeius zu verantworten. Sie hießen daher *lēx Pompēia dē prōvinciīs* und *lēx Pompēia dē iūre magistrātuum*. Nachdem das zweite Gesetz durch die Volksversammlung gebilligt und auf Bronzetafeln geschrieben und diese im Staatsarchiv aufgestellt worden waren, ließ Pompeius allerdings eine Anmerkung hinzufügen, die die Ausnahme erwähnte, die man Caesar einst eingeräumt hatte. Aber diese Anmerkung war die des Konsuls allein, nicht die der gesetzgebenden Körperschaften, und daher eigentlich ungültig. Trotzdem versuchte Caesar später, aus ihr einen Anspruch abzuleiten.

Pompeius hingegen hatte anstandslos auch die Verlängerung seiner Statthalterschaft in den spanischen Provinzen genehmigt bekommen, war also immer – auch nach seinem Konsulat – im Besitz eines Oberbefehls und von Truppen.

c) Als Caesar den Krieg in Gallien im Jahr 51 beendet hatte, erklärte einer der Konsuln dieses Jahres, Marcus Claudius Marcellus, man solle jetzt Caesar sofort von seinem Amt ablösen. Man wartete aber entsprechend der Zusage des Pompeius bis zum 1. März 50. Erst an diesem Tag beriet der Senat über die Statthalterschaft in den gallischen Provinzen. Aber Marcellus provozierte Caesar weiter, indem er einen Bürger der von Caesar gegründeten Kolonie Novum Comum (heute Como) auspeitschen ließ. Caesar hatte diesem Mann aus eigener Machtvollkommenheit das römische Bürgerrecht verliehen, was eigentlich ein Recht des Senats war.
Da nur Nichtrömer bei Vergehen ausgepeitscht werden durften, wies Marcellus damit Caesar in die Schranken. Verwandten des Marcellus gelang es zudem, jeweils eine Konsulatsstelle der Jahre 50 und 49 zu erringen und so an einflussreicher Stelle weiter gegen Caesar zu arbeiten.

d) Caesar versuchte in drei Bereichen für sich zu wirken:

- Er gewann einflussreiche und fähige Fürsprecher im Senat und in der Volksversammlung für sich, insbesondere den Consul Lucius Aemilius Paullus und den Volkstribunen Gaius Scribonius Curio, denen er riesige Geldsummen zur Begleichung ihrer immensen Schulden zukommen ließ; Curio wurde später von dem Volkstribunen Marcus Antonius als Vertrauter Caesars abgelöst.
- Er warb immer wieder bei den Senatoren für sich insbesondere durch seine *Commentarii de bello Gallico*, in denen er sich – zu Recht – als den genialen Feldherrn darstellt, dem Anerkennung gebührt, und – nicht zu Recht – als Politiker, der stets streng nach römischen Werthaltungen und im Einklang mit Senat und römischen Gesetzen und Verfahrensweisen handelte.

- Er sicherte seine Macht in den gallischen Provinzen, indem er sein Heer durch seine Haltung und durch Zuwendungen für sich einnahm, sich dafür einsetzte, dass die Bewohner von Gallia cisalpina das römische Bürgerrecht erhielten, und sich viele Fürsten der eroberten gallischen Gebiete durch einen Interessenausgleich geneigt machte.

e) Doch alle Forderungen und Vorschläge Caesars erlitten im Senat trotz flammender Reden seiner Anhänger Abstimmungsniederlagen. Obwohl sich Caesar mit recht weitgehenden Machtbeschneidungen einverstanden erklärte, wenn er sich nur *in absentiā* (ohne in Rom persönlich anwesend zu sein) um das Konsulat bewerben und seinen Oberbefehl wenigstens in Illyrien behalten könne, und obwohl viele bedeutende Senatoren und Pompeius selbst rieten, darauf einzugehen, weil es sonst zu militärischen Schritten Caesars und zu einem Bürgerkrieg komme, lehnte der Senat, von Cato und seinen Anhängern beeinflusst, ab. Er fasste am 7. Januar 49 einen Beschluss, das sog. *senātūs cōnsultum ultimum*, das für Krisensituationen vorgesehen ist: „Die Konsuln, Prätoren, Volkstribunen und wer als Prokonsul vor der Stadt steht, sollen dafür sorgen, dass dem Gemeinwesen kein Schaden erwächst!"

Dieser Beschluss lässt grundsätzlich kein Veto der Volkstribunen zu und schließt einen solchen Einspruch auch für alle Folgemaßnahmen aus. Daher flohen die caesarfreundlichen Volkstribunen aus Rom zu Caesar nach Ravenna. Pompeius begann sofort, Truppen auszuheben. Caesar überschritt auf diese Nachricht hin den Rubikon, ein Flüsschen, das die Grenze zwischen Gallia cisalpina und dem italischen Mutterland bildete. Er tat dies mitsamt seinen Truppen, obwohl kein Imperator Truppen nach Italia (Mittelitalien) bringen durfte. Cicero sagt später: „Er hat den Krieg nicht gewollt, sondern nur nicht gefürchtet. Die Gegner waren es vielmehr, die ihn gewollt hatten."

1.2 Caesars Angebot an den Senat

Das 8. Buch des *Bellum Gallicum* hat nicht Caesar zum Autor, sondern seinen General Hirtius. Dieser schildert offen und direkt, dass Caesars innenpolitische Gegner ihm seinen Erfolg neiden und ihn an weiterer Machtentfaltung hindern wollen. Im *Bellum Gallicum*, 8,53–54, schreibt Hirtius:

Caesar / Hirtius, Bellum Gallicum 8,55 und Caesar, Bellum civile 1,1 (Inhaltsangabe)

Der Senat verhält sich so caesarfeindlich wie zuvor. Es kommt zu folgendem Senatsbeschluss: Für einen Krieg gegen die Parther sollen Pompeius und Caesar je eine Legion abgeben. Aber bei der Legion, die Pompeius abgeben soll oder abgibt, handelt es sich um eine, die er in der Provinz Gallien für Caesar ausgehoben hat. So werden Caesar diese und eine bereits schon vorhandene entzogen, Caesar verliert zwei Legionen, Pompeius keine. Caesar gibt beide Legionen ab. Er muss zum Schutz Oberitaliens eine andere Legion (die 13. Legion) nach Oberitalien schicken. Er verteilt seine Legionen neu zur Sicherung Galliens. Dabei legt er besonderen Wert darauf, dass Legionen in dem Gebiet der Belger und in dem der Haeduer stationiert werden. Die Belger sind die Tapfersten, die Haeduer die Einflussreichsten; beide Völker müssen am meisten kontrolliert werden. Caesar selbst marschiert nach Italien (also *Gallia cisalpina*).

Bellum Gallicum 8,55,1-2

1 Quō cum vēnisset, cognōscit per C. Mārcellum cōnsulem legiōnēs duās ab sē missās, quae ex senātūs cōnsultō dēbērent ad Parthicum bellum dūcī, Cn. Pompēiō trāditās atque in Ītaliā retentās esse.

2 Hōc factō, quamquam nūllī erat dubium, quidnam contrā Caesarem parārētur, tamen Caesar omnia patienda esse statuit, quoad sibī spēs aliqua relinquerētur iūre potius disceptandī quam bellīgerandī.

1 Als er dort angekommen war, erfährt er dass die zwei Legionen, die von ihm abgesandt worden waren und gemäß dem Senatsbeschluss pflichtgemäß zur Eröffnung des Partherkriegs hätten in Marsch gesetzt werden müssen, auf Betreiben des Gaius Marcellus Gnaeus Pompeius übergeben worden und das heißt in Italien zurückgehalten worden sind.

2 Durch dieses Geschehen war es zwar niemandem mehr zweifelhaft, was gegen Caesar vorbereitet wurde, trotzdem setzte Caesar fest, es müsse alles hingenommen werden, solange ihm noch die geringste Hoffnung gelassen werde, eher auf dem Rechtsweg zu einer Entscheidung zu kommen, als Krieg zu führen.

Das Werk *Bellum Gallicum* endet plötzlich mit dem Wort *contendit*. Zur Überleitung zum *Bellum civile* haben Spätere den folgenden Satz ergänzt:

Caesar / Hirtius, Bellum Gallicum 8,55,3

3 Contendit per litterās ab senātū, ut etiam Pompēius sē imperiō abdīcāret, sēque idem factūrum prōmīsit; sīn minus, sē neque sibī neque patriae dēfutūrum.

3 **contendere** sich anstrengen, darauf hin arbeiten
litterae, -ārum *f.* Brief, Schreiben
sē abdicāre, abdicāvī + *Abl. (der Trennung)* sich lossagen
prōmittere, -mittō, -misī versprechen
sīn minus wenn aber nicht, andernfalls
deesse, dēsum, dēfuī, dēfutūrum + *Dat.* fehlen, im Stich lassen, seine Hilfe entziehen

Das Werk *Bellum civile* beginnt so:

Caesar, Bellum civile 1,1

1 Litterīs C. Caesaris cōnsulibus redditīs aegrē ab hīs impetrātum est summā tribūnōrum plēbis[1] contentiōne, ut in senātū recitārentur. Ut vērō ex litterīs ad senātum referrētur[2], impetrārī nōn potuit.

reddere, reddō, reddidī, redditum übergeben
aegrē *Adv.* mit Mühe
contentio, -onis *f.* Anstrengung
litterae, -ārum *f.* Brief, Schreiben
tribūnī plēbis die Volkstribunen
contentiō, -ōnis *f.* Anstrengung
recitāre vorlesen
vērō *Adv.* darüberhinaus
referre ad jdm zur Beschlussfassung vorlegen
impetrāre erreichen, durchsetzen

1 tribūnī plēbis: Volkstribunen, Vertreter der großen unteren Volksschicht (plēbs), *vertraten Beschlüsse der Volksversammlungen im Senat und hatten ein Vetorecht.* – **2 ad senātum referre:** dem Senat einen Antrag vorlegen; zum Gegenstand eines Antrags im Senat machen, *Recht und Aufgabe der Konsuln*

Arbeitsaufträge

1 Analysieren Sie den Satzbau (→ GW 7, Rhetorische Stilmittel) und beschreiben Sie ihn.

2 *sē neque sibī neque patriae dēfutūrum* (*BG* 8,55,5). Untersuchen Sie Ausdrucksweise, stilistische Gestaltung und Bedeutung des Satzes. Berücksichtigen Sie Grundwissen 5, Rhetorische Stilmittel 5, 10 und 11.

LERNWORTSCHATZ (*BG* 8,55,3; *BC* 1,1)

contendere, -tendō, -tendī, -tentum	sich anstrengen, darauf hinarbeiten
litterae, ārum *f.*	Brief, Schreiben
prōmittere, -mittō, -misī, -missum	versprechen
sīn minus	wenn aber nicht, andernfalls
deesse, dēsum, dēfuī + *Dat.*	fehlen, im Stich lassen, seine Hilfe entziehen
reddere, reddō, reddidī, redditum	übergeben
aegrē *Adv.*	mit Mühe
tribunī plēbis, tribūnōrum plēbis *m.*	die Volkstribunen
recitāre, recitō, recitāvī, recitātum	vorlesen
vērō	darüberhinaus
referre, referō, rettulī, relātum ad	jdm zur Beschlussfassung vorlegen
impetrāre, impetrō, impetrāvī, impetrātum	erreichen, durchsetzen

1.3 Caesars Darstellung der innenpolitischen Gegner – ihre Motive

Senatssitzung Januar 49 v. Chr.: Caesar selbst stellt in *Bellum civile* die Gründe des Bürgerkriegs und die Motive der Gegner aus seiner Sicht dar. In den Kapiteln 1–6 geht es um das Verhalten seiner politischen Gegner. In Kapitel 4 versucht er, deren Motive zu brandmarken. Sie wollen nicht über Caesars Angebot verhandeln. Caesars Angebot war, Machtbefugnisse abzugeben, wenn er sich weiterhin in Abwesenheit um das Konsulat bewerben darf; auch Pompeius sollte sich zurückhalten. Caesar war natürlich nicht in der Senatssitzung dazu anwesend, denn er stand ja gerade mit einem Heer auf der gallischen Seite des Rubikons. Doch erhielt er täglich Nachrichten durch Boten. In der Senatssitzung sprechen zunächst die Befürworter von Caesars Bewerbung um das Konsulat in Abwesenheit. Darauf schildert Caesar die Reaktionen:

Caesar, Bellum civile 1,4

1 Omnibus hīs resistitur, omnibusque ōrātiō cōnsulis[1], Scīpiōnis[2], Catōnis[3] oppōnitur. Catōnem[3] veterēs inimīcitiae Caesaris incitant et dolor repulsae[4].

resistere Widerstand leisten, sich widersetzen
ōrātiō, -ōnis *f.* Rede
oppōnere entgegenstellen
vetus, veteris alt, seit langem bestehend
inimīcitia, -ae *f. persönliche und politische* Feindschaft
repulsa, -ae *f.* Wahlniederlage

1 **cōnsulis:** *Lucius Cornēlius Lentulus Crūs, amtierender Konsul* – 2 **Quīntus Caecilius Metellus Pius Scīpiō:** *Vater der zweiten Frau des Pompeius, Konsul im Jahr 52, danach Statthalter von Syrien.* – 3 **Mārcus Porcius Catō:** *erbitterter Gegner Caesars, hatte angekündigt, Caesar wegen Hochverrats anzuklagen.* – 4 **repulsa, -ae** *f.*: Wahlniederlage; *Cato hatte sich vergeblich für das Jahr 51 um das Konsulat beworben.*

2 Lentulus aeris aliēnī magnitūdine et spē exercitūs ac prōvinciārum[5] et rēgum appellandōrum largītiōnibus[6] movētur, sēque alterum fore Sullam[7] inter suōs glōriātur, ad quem summa imperiī redeat.
3 Scīpiōnem eadem spēs provinciae atque exercituum impellit, quōs[8] sē prō necessitūdine partītūrum cum Pompēiō arbitrātur, simul iūdiciōrum metus atque ostentātiō suī et adulātiō potentium[9], quī in rē pūblicā iūdiciīsque tum plūrimum pollēbant.
4 Ipse Pompēius, ab inimīcīs Caesaris incitātus et quod nēminem dignitāte sēcum exaequārī volēbat, tōtum sē ab eius amīcitiā āverterat et cum commūnibus inimīcīs in grātiam redierat, quōrum ipse maximam partem illō adfīnitātis tempore iniūnxerat Caesarī.
5 Simul īnfāmia duārum legiōnum permōtus, quās ab itinere Asiae Syriaeque[10] ad suam potentiam dominātumque converterat, rem ad arma dēdūci studēbat.

aes aliēnum, aeris aliēnī *n.* Schulden
rēgem appellāre zum König ernennen
largītiō, -ōnis *f.* Schenkung
alter Sulla ein zweiter Sulla
fore *Inf. Fut. zu* esse
inter suōs bei seinen Leuten
glōriārī sich rühmen, prahlen
summa imperiī *f.* Oberbefehl
redīre ad zufallen
necessitūdō, -dinis *f.* Verwandtschaft
partīrī, partior, partītus sum teilen
iūdicium, -ī *n.* Gerichtsverfahren
ostentātiō, -ōnis *f.* Zurschaustellung, Prahlerei
suī seiner eigenen Person
adulātiō, -ōnis *f.* Schmeichelei, Kriecherei
potēns, potentis Mächtiger
plūrimum *Adv.* am meisten
pollēre mächtig, einflussreich sein
dignitās, -ātis *f.* Ansehen, Bedeutung, Stellung
sēcum mit sich, mit ihm
exaequāre, exaequō gleichmachen
āvertere abwenden
commūnibus beiden gemeinsam (Caesar und Pompeius)
in grātiam redīre, redeō, rediī cum sich mit jdm aussöhnen
adfīnitās, -ātis *f.* Verwandtschaft
iniungere, -iungō, -iūnxī, -iūnctum aufbürden
īnfāmia, -ae *f.* schlechter Ruf, schlechtes Gewissen
potentia, -ae *f.* *private* Macht
dominātus, -ūs *m.* Herrschaft
convertere, -vertō, -vertī umdrehen, umfunktionieren
rem ad arma dēdūcere die Sache den Waffen überlassen

---

5 **prōvinciārum:** *Nach dem Konsulat erhielten die Konsuln Provinzen zur Verwaltung zugeteilt, je nach Gunst des Senats ertragreiche, arme oder kriegerische Provinzen.* – 6 **largītiōnes rēgum appellandōrum:** Schenkungen für die Verleihung des Königstitels. *Verbündete Stammesführer der Provinzen bewarben sich gern um den prestigeträchtigen Titel „König", der vom römischen Senat meist auf Vorschlag von Provinzstatthaltern verliehen wurde.* – 7 **alter Sulla:** *Sulla war der Dictator der Jahre 82–79 v.Chr., ein scharfer Gegner der sogenannten Popularen, der Senatoren, die für Beteiligung des Gesamtvolks an der politischen Macht eintraten. Sulla ließ sie „proskribieren", öffentlich verfolgen. Sie verloren ihr Vermögen und mussten sich verstecken, um nicht getötet zu werden.* – 8 **quōs … arbitrātur:** *verschränkter Relativsatz:* **quos** *ist Objekt im A.c.i.* **sē … partītūrum** (*abhängig von* **arbitrātur**): *„die er seiner Einschätzung nach … teilen werde."* – 9 **potentium:** *Genitivus obiectivus* – 10 **Asia, Syria:** *römische Provinzen; hier Gen.-Attr. zu* **itinere** („nach …")

Arbeitsaufträge zur interpretierenden Texterschließung:

1 Lesen Sie den Text durch und stellen Sie zusammen:
- die Namen der Gegner (vermerken Sie, ob die Gegner als Subjekt oder als Objekt erscheinen);
- die Verbformen (Prädikate, Partizipien), zu denen die genannten Personen Subjekt oder Objekt sind;
- die Formulierungen zu den Motiven der Gegner.

Beispiel:

CATŌNEM	veterēs inimīcitiae Caesaris et dolor repulsae	incitant	Objekt
…			

Aufgaben zur Interpretation:

2 Beschreiben Sie aufgrund der verwendeten Verben und der genannten Motive die Haltung und den Gemütszustand der innenpolitischen Gegner Caesars.

3 Erörtern und begründen Sie: Welchen Unterschied zwischen Pompeius und den anderen innenpolitischen Gegnern will die Darstellung zeigen? Berücksichtigen Sie Ihre Ergebnisse aus Arbeitsauftrag 1 (Verbformen, Person als Subjekt oder Objekt).

4 Untersuchen Sie: Wie macht Caesar seine Formulierungen durch Wortwahl, Wortstellung, Nennung von Personennamen und Stilmittel (Grundwissen Stilmittel 5, 9, 10, 11, 12, 14 a–e, 15, 16) nachdrücklich?

LERNWORTSCHATZ (*BC* 1,4)

resistere, -sistō, -stitī	Widerstand leisten, sich widersetzen
ōrātiō, -ōnis *f.*	Rede
vetus, *Gen.:* **veteris**	alt (seit langem bestehend)
aes aliēnum, aeris aliēni *n.*	Schulden
alter, -a, -um, *Gen.:* **alterīus**	der eine oder der andere (von zweien), ein zweiter
suī, suōrum *m.*	seine Leute, seine Anhänger
redīre, redeō, rediī ad	zufallen
impellere, -pellō, -pulī, -pulsum	antreiben, veranlassen
potēns, *Gen.:* **potentis**	mächtig
plūrimum *Adv.*	am meisten
dignitās, -ātis *f.*	Ansehen, Bedeutung *im Staat (mit entsprechend hoher Stellung und Würde)*
sēcum	mit sich, mit ihm
convertere, -vertō, -vertī	umdrehen, umfunktionieren

1.4 Caesars innenpolitische Gegner – sind sie kriminell?

Caesar steigert seine schlechte Charakterisierung der Gegner weiter

→ Information 1, S. 23

Caesar, Bellum civile 1,6

1 Proximīs diēbus habētur extrā urbem senātus. Pompēius eadem illa, quae per Scīpiōnem ostenderat, agit, senātūs virtūtem cōnstantiamque conlaudat, cōpiās suās expōnit:
Legiōnēs habēre sēsē parātās decem.
2 *Praetereā cognitum compertumque sibī alienō esse animō in Caesarem mīlitēs, neque iīs posse persuādērī, utī eum dēfendant aut sequantur.*

proximus, -a, -um nächster
extrā + *Akk.* außerhalb
senātus, -ūs *m.* die Senatssitzung
conlaudāre = collaudāre *verstärktes* laudāre
expōnere darlegen, aufzählen
mihī cognitum est ich habe erkannt, ich weiß
mihī compertum est ich habe in Erfahrung gebracht
aliēnō animō esse + *in* + *Akk.* nicht gut zu sprechen sein auf
mihī persuādētur ich werde überredet
utī = ut + *Konj.*

3 Dē reliquīs rēbus ad senātum refertur: tōtā Ītaliā dīlēctus habeātur; Faustus Sulla prō praetōre in Mauretāniam mittātur; pecūnia utī ex aerāriō Pompēiō dētur. Refertur etiam dē rēge Iubā, ut socius sit atque amīcus[1].
4 Mārcellus nōn passūrum in praesentiā negat[2]; dē Faustō impedit Philippus tribūnus plēbis.
5 Dē reliquīs rēbus senātus cōnsulta perscrībuntur. Prōvinciae prīvātīs dēcernuntur, duae cōnsulārēs, reliquae praetōriae. Scīpiōnī obvenit Syria, L. Domitiō Gallia. Philippus et Cotta prīvātō cōnsiliō praetereuntur, neque eōrum sortēs dēiciuntur.
6 In reliquās prōvinciās praetōrēs mittuntur. Neque exspectant – quod superiōribus annīs acciderat –, ut dē eōrum imperiō ad populum ferātur palūdātīque – vōtīs nuncupātīs[3] – exeant. 7 Cōnsulēs – quod ante id tempus accidit nunquam – ex urbe proficīscuntur, lictōrēsque[4] habent in urbe et Capitōliō prīvātī[5] contrā omnia vetustātis exempla.
8 Tōtā Ītaliā dīlēctūs habentur, arma imperantur, pecūniae ā mūnicipiīs exiguntur, ē fānīs tolluntur, omnia dīvīna hūmānaque iūra permiscentur.

referre, referō, rettulī, relātum Anträge einbringen
dīlēctus, -ūs *m.* die Aushebung (von Soldaten)
aerārium, -ī *n.* Staatskasse
socius, -ī *m.* Verbündeter
patī, patior, passus sum hinnehmen, akzeptieren
in praesentiā im Augenblick, für den Augenblick
impedīre, impediō, impedīvī, impedītum hindern Einspruch erheben
cōnsultum, -ī *n.* Beschluss
perscrībere, -scrībō, -scrīpsī, -scrīptum protokollieren
prōvinciās alicui dēcernere ,dēcernō, dēcrēvī, dēcrētum jdm (die Verwaltung von) Provinzen zusprechen (→ *Information 2, S. 22)*
cōnsulāris, -e konsularisch
praetōrius, -a, -um (*Adj. zu* praetor) prätorisch
cōnsilium, -ī *n.* Verabredung (*nämlich der Pompeiusanhänger*)
praeterīre übergehen
obvenīre, -veniō, -vēnī, -ventum zufallen
sors, sortis *f.* Los(stäbchen)
dēicere (*in die Losurne*) werfen
superior früher
accidit (*Präs. und Perf.*) es passiert, passierte
ad populum ferre, ferō dē aliquā rē den Volksversammlungen etw. zur Zustimmung vorlegen
palūdātus, -a, -um im Kriegskleid
vōta nuncupāre Gelübde ablegen
nunquam = numquam
lictor, -ōris *m.* der Liktor
prīvātus, -ī *m.* Privatperson
vetustās, -atis *f.* die alte Zeit
arma die Stellung von Waffen
mūnicipium, -ī *n.* Munizipium, *Bundesstadt in Italien*
exigere eintreiben
fānum, -ī *n.* Tempel, Heiligtum
permiscēre durcheinander bringen

---

1 amīcus, -ī *m.*: *hier* politisch: „Staatsfreund" – **2 nōn passūrum negat:** *doppelte Verneinung*: er sagt nicht, dass er nicht dulden wird... – **3 vōta nuncupāre:** Gelübde ablegen *(an Jupiter für künftige Siege; feierlicher Ritus, mit dem die Provinzstatthalter aus Rom geleitet wurden)* – **4 lictor:** Liktor, *Begleiter römischer Beamter, sein Rutenbündel mit Beil demonstrierte deren Macht über Leben und Tod; Konsuln hatten 12 Liktoren* – **5 prīvātī:** *die in § 5 erwähnten Privatleute, die ihr Amt ohne erneute Bestätigung durch die Volksversammlungen erhielten.* – **mūnicipium:** *Bundesstadt in Italien, deren Bürger volle Selbstverwaltung und das römische Bürgerrecht, also Stimmrecht in Rom hatten.*

Aufgaben zur interpretierenden Texterschließung:

1 Nennen und notieren Sie in Text 4 Satz für Satz:
a) in den Verbformen (Prädikaten, Partizipien) geschilderteAktionen;
b) nähere Ausführung in Objekten, adverbialen Bestimmungen u.a.m.;
c) Ausdrücke, die direkt Wertungen vornehmen oder nahelegen.

Münze mit Sulla, Bocchus und Iugurtha

Beispiel:

§	geschilderte Aktionen	nähere Ausführung	Wertungen oder Ausdrücke, die Wertungen nahelegen
1	habetur ... senatus		extra urbem
	Pompeius eadem ... agit	quae ... ostenderat	per Scipionem
	conlaudat		senatus virtutem constantiamque
	exponit	legiones habere	paratas X

Arbeitsaufträge zur Interpretation:

2 Stellen Sie alle Informationen zusammen, die den Gegnern Caesars ungewöhnliche, ungesetzliche, unrechtliche Verhaltensweisen unterstellen oder nachweisen.

3 Arbeiten Sie heraus, wie Caesar seiner Darstellung einen dramatischen Verlauf gibt, und berücksichtigen Sie:
a) Abfolge der Informationen;
b) geschichtliche Retouchen und Verfälschungen (→ Information 3, S. 22)
c) stilistische Gestaltung (→ Grundwissen, Stilmittel 4, 6, 7, 14 d und e).

LERNWORTSCHATZ

(*BC* 1,6)

proximus, -a, -um	nächster
extrā *m. Akk.*	außerhalb
senātus, -ūs *m.*	Senatssitzung
parātus, -a, -um	bereit
persuādēre alicui, ut(ī)	jdn. überreden zu ... *oder* dazu, dass
mihī persuādētur	ich werde überredet (*Passiv unpersönlich gebildet)*
referre, referō, rettulī, relātum	Anträge einbringen, vorlegen
dīlēctus, -ūs *m.*	Aushebung, Anwerbung von Soldaten
socius, -ī *m.*	Verbündeter
patī, patior, passus sum	hinnehmen, akzeptieren
impedīre, impediō, impedīvī, impedītum	hindern, Einspruch erheben
cōnsulāris, -e *Adj. (zu* **cōnsul)**	konsularisch
cōnsilium, -ī *n.*	Beschluss, Verabredung
praeterīre, praetéreō, -iī, -itum	übergehen
sors, sortis *f.*	Los(stäbchen)
superior, -ius, *Gen.:* **superiōris**	früher
accidit *(Präs. und Perf.)*	es passiert, geschieht; passierte, geschah
ad populum ferre, ferō dē aliquā rē	den Volksversammlungen zur Zustimmung vorlegen
prīvātus, -ī *m.*	Privatperson
proficīscī, proficīscor, profectus sum	aufbrechen, sich auf den Weg machen
mūnicipium, -ī *n.*	Munizipium, Bundesstadt
exigere, éxigō, exēgī, exāctum	eintreiben
tollere, tollō, sustulī, sublātum	wegnehmen
dīvīnus, -a, -um	göttlich

Informationen

1 Die in *BC* 1,6 erwähnten Personen und Gebiete

Faustus Sulla: Sohn des früheren Diktators Sulla, Schwiegersohn des Pompeius
Mauretānia, -ae *f.*: Mauretania, afrikanisches Königreich, dessen Könige Bocchus und Bogudes caesarfreundlich eingestellt waren und für Pompeius gewonnen werden sollten
Iuba, -ae *m.*: König von Numidien, politischer Freund des Pompeius
Mārcus Mārcellus: Konsul des Jahres 49
Quīntus Caecilius Metellus Pius Scīpiō: Konsul des Jahres 54; nach dem Tod Iulias, der Tochter Caesars und Ehefrau des Pompeius, heiratete Pompeius die Tochter des Caesargegners Scipio, wurde also dessen Schwiegersohn
Gallia, -ae *f.*: Caesars Provinz in den Jahren 58 – 50
Lūcius Mārcius Philippus: Konsul des Jahres 56 v. Chr., Schwiegervater Catos
Lūcius Aurēlius Cotta: Konsul des Jahres 65 v. Chr., Anhänger des Pompeius
Capitōlium, -ī *n.*: Kapitol, Berg mit Burg und Jupitertempel in Rom, Symbol römischer Macht, im 4. Jh. v. Chr. fast von den Galliern erobert; dieses Ereignis wurde zum Inbegriff römischer Gefährdung.

2 Die Verwaltung von Provinzen

prōvinciās alicui dēcernere, jemandem (die Verwaltung von) Provinzen zusprechen (§ 5): Jährlich teilte der Senat ehemaligen Konsuln und Praetoren Provinzen zur Verwaltung zu. Gewesene Konsuln und Praetoren, die die Verwaltung einer Provinz zu übernehmen wünschten, konnten an einem Losverfahren teilnehmen. Falls ihnen eine Provinz zufiel, konnten sie diese auch gegen eine andere eintauschen, wenn sie sich mit dem einigten, dem die andere zugefallen war. Bis zum Jahr 52 v. Chr. bekam ein Konsul oder Praetor, der nach seinem Amtsjahr die Verwaltung einer Provinz übernahm, von den Volksversammlungen die Befehlsgewalt (*imperium*) für ein Jahr verlängert; die Verlängerung konnte wiederholt werden, die Provinzverwaltung also mehrere Jahre dauern. Seit 53/52 v. Chr. bestimmten aber zwei gegen Caesar gerichtete Senatsbeschlüsse, dass zwischen Konsulat oder Praetur und der Verwaltung einer Provinz wenigstens fünf Jahre liegen sollten. Gewesene Konsuln oder Praetoren waren nunmehr Privatleute und mussten, wenn sie später eine Provinz zugesprochen bekamen, erneut vom Volk (in den Volksversammlungen) Befehlsgewalt (*imperium*) zugesprochen bekommen. Eine solche Zuerkennung des *imperium* erfolgte im Jahr 49 v. Chr. nicht.

3 Die geschichtlichen Fakten

a) Pompeius hatte zwar zehn Legionen (§ 2), in Italien selbst aber nur die zwei von Caesar abgegebenen. Caesar selbst hingegen hatte bei Ravenna „nicht mehr als dreihundert Reiter und fünftausend Mann Fußvolk“ (Plutarch, *Caesar* 32), also eine knappe Legion (deren Sollstärke 6000 Mann betrug). Doch hatte er seine Legionen aus dem jenseitigen Gallien bereits in Marsch gesetzt (Plutarch, *Caesar* 32), immerhin mehrere Legionen.

b) Dass unter Caesars Soldaten auch ihm feindlich gesinnte waren, geht aus anderen Quellen hervor (Plutarch, *Caesar* 29, 4; Plutarch, *Pompeius* 57,5; Appian 2, 30,116). Aber indem Caesar dies von Pompeius sagen lässt, verliert es an Glaubwürdigkeit, wirkt unwahrscheinlich oder unwahr.

c) Dass Pompeius Mittel aus der Staatskasse erhielt (§ 3), war wohl rechtens. Denn es ist anzunehmen, dass er Geld entweder zum

Unterhalt seiner Legionen oder für die vom Senat beschlossene Aushebung neuer Legionen bekam. Indem Caesar den Grund nicht nennt und außerdem eine Formulierung wählt, die die Übergabe der gesamten Staatskasse vermuten lässt (*pecunia uti ex aerario Pompeio detur*, § 3, als einziger Beschluss, dazu mit hinzugesetztem *uti* formuliert), bekommt auch diese Mitteilung einen negativen Beigeschmack.

d) Faustus Sulla wird mit einer Mission beauftragt: Der Zweck wird von Caesar nicht genannt. Der Sohn Sullas und Schwiegersohn des Pompeius soll einfach mit Namen in der Darstellung erscheinen und damit die Einbeziehung des Auslands in die Machenschaften des Pompeius angedeutet werden. Hätte Caesar gesagt, dass Pompeius die caesarfreundlichen Könige Bocchus und Bogudes umstimmen wollte, wäre die Entsendung des Faustus Sulla als natürlich erschienen und es hätte sich gezeigt, dass auch Caesar ausländische Unterstützung hatte.

e) Der Pompeiusfreund Iuba soll politischer Verbündeter Roms werden (§ 4). Die Beschlüsse über Verhandlungen mit Mauretanien und Numidien und ihren Königen werden von einem der beiden Konsuln und von einem Volkstribunen verhindert. So bleiben: Aushebungsantrag und Zahlungen aus der Staatskasse an Pompeius. Diese beiden Dinge nennt Caesar *reliquae res* (§ 5) und legt so (unzutreffend) eine Menge unrechtlicher Beschlüsse nahe.

f) Die Statthalterschaft in einigen Provinzen wird an Privatleute vergeben. Damit verstoßen die Pompejaner ausdrücklich gegen zwei von ihnen selbst bewirkte Senatsbeschlüsse aus den Jahren 53 und 52, die eigentlich gegen Caesar gerichtet waren: mindestens fünf Jahre Abstand zwischen Konsulat oder der Prätur und dem Antritt einer Provinzstatthalterschaft. Danach mussten ernannte Provinzstatthalter erst ein *Imperium* erhalten (eine Befehlsbefugnis), um so wieder als Staatsbeamte zu gelten. Scipio war 52, Domitius 54 Konsul gewesen, Philippus 56, Cotta 65. Caesars Vorwurf besteht also nur im Falle Scipios zu Recht und eventuell noch im Falle des Domitius.

g) Die „Privatleute", die sich angeblich Staatsinsignien anmaßen und mit Liktoren durch die Stadt stolzieren, sind die neu bestimmten Provinzstatthalter. Ohne Erteilung des *Imperium* durch die Volksversammlungen durften sie nicht ihr Amt antreten und also nicht von Liktoren begleitet werden. Dies moniert Caesar zu Recht, wobei er freilich theatralisch *in urbe et Capitolio* sagt und mit dem Capitol den Inbegriff römischer Tradition, römischen Stolzes, aber auch römischer Ängste vor Gefährdung nennt (Gallierangriff auf das Capitol).

h) „Die Behauptung, dass die Konsuln die Hauptstadt niemals verlassen hätten, ist in dieser Allgemeinheit unrichtig. Wohl aber war es seit Sulla Regel (vielleicht Gesetz), dass die Konsuln während ihres Amtsjahres in Rom blieben; und nur durch einen besonderen Senatsbeschluss sind sie ausnahmsweise (74 und 60 v. Chr.) ermächtigt worden, Rom zu verlassen" (H. Meusel, C. Iulii Caesaris Commentarii De bello civili, Berlin, 12. Aufl. 1959, S. 23 zu 6,7).

i) Die Konsuln haben erst am 18. Januar 49 Rom verlassen, also nach Caesars Übergang über den Rubikon (der in der Nacht vom 11. zum 12. Januar erfolgte).

j) Ähnliches gilt für die Geldzahlungen der Landstädte und für die Beraubung von Tempeln.

Anwerbung von Soldaten (Ausschnitt aus einem Relief, Paris, Louvre)

Die Überschreitung des Rubikons 2

2.1 Caesars Rede an sein Heer in Ravenna

Caesar stellt die weiteren Ereignisse, die zum Übergang über den Rubikon führen, so dar:

Caesar, Bellum civile 1,7,1–7

1 Quibus rēbus cognitīs Caesar apud mīlitēs cōntiōnātur. Omnium temporum iniūriās inimīcōrum in sē commemorat; ā quibus dēductum ac dēprāvātum Pompēium (esse) queritur invidiā atque obtrectātiōne laudis suae, cuius ipse honōrī[1] et dignitātī[2] semper fāverit adiūtorque fuerit.
2 Novum in rē pūblica intrōductum exemplum queritur, ut tribūnīciā intercessiō[3] armīs notārētur atque opprimerētur, quae superiōribus annīs sine armīs esset restitūta.
3 Sullam[4] nūdāta omnibus rēbus tribūnicia potestāte tamen intercessiōnem līberam reliquisse.
4 Pompēium, quī āmissa restituisse videātur bona, etiam, quae ante habuerint, adēmisse.
5 Quotiēnscumque sit dēcrētum, darent operam magistrātūs, nē quid rēs pūblica dētrimentī caperet, quā vōce et quō senātūs cōnsultō populus Rōmānus ad arma sit vocātus, factum in perniciōsīs lēgibus[5], in vī tribūnīciā[6], in sēcessiōne populī[7], templīs locīsque ēditiōribus occupātīs;

1 Als diese Dinge bekannt werden, hält Caesar eine Ansprache vor seinen Soldaten. Die Ungerechtigkeiten, die seine Gegner zu allen Zeiten ihm zugefügt haben, ruft er in Erinnerung. Pompeius sei von ihnen verführt und, so klagt er, von Neid und Missgunst auf seinen Ruhm verdorben worden, während er selbst immer für dessen Ehrenstellung und Würde gearbeitet und diese unterstützt habe.
2 Ein Präzedenzfall sei im Staat eingeführt worden, klagt er: das tribunizische Einspruchsrecht werde mit Waffen gebrandmarkt und unterdrückt, das in den vergangenen Jahren mit Waffen wiederhergestellt worden sei.
3 Sulla habe die tribunizische Gewalt aller Dinge beraubt, dennoch das Einspruchsrecht unangetastet gelassen.
4 Pompeius, der scheinbar die verlorenen Werte wiederhergestellt habe, habe sogar fortgenommen, was sie vorher besessen hätten.
5 Sooft beschlossen worden sei, die Amtsträger sollten sich darum bemühen, dass der Staat keinen Schaden nehme – eine Formel und ein Senatsbeschluss, mit dem das römische Volk zu den Waffen gerufen worden sei –, sei dies geschehen bei verderbenbringenden Gesetzesanträgen, bei Missbrauch der tribunizischen Gewalt, bei dem Auszug des Volkes nach Besetzung der Tempel und Anhöhen.

1 **honor:** Ehrenstellung *(aus einem öffentlichen Amt)* – 2 **dignitās:** Ansehen *(aufgrund eigener Leistung)* – 3 **tribūnīcia intercessiō:** das tribunizische Einspruchsrecht, Veto *(im Senat)* – 4 **Sulla** → zu Text 3 – 5 **perniciōsae lēgēs:** staatsgefährdende Gesetzesanträge, *die den sozialen Frieden stören* – 6 **vīs tribūnīcia:** Gewaltanwendung der Tribunen *(indem sie die Volksversammlungen zu Unruhen aufhetzten)* – 7 **sēcessiō populī:** Absonderung, Aufruhr des Volkes *gegen die Regierung; 121 v. Chr. wurde dabei der Hügel Aventin besetzt, 133 v. Chr. und 100 v. Chr. der Hügel Capitol.*

6 atque haec superiōris aetātis exempla expiāta Saturnīnī atque Gracchōrum cāsibus docet. Quārum rērum illō tempore nihil factum, nē cōgitātum quidem. Nūlla lēx prōmulgāta, nōn cum populō[8] agī coeptum, nūlla sēcessiō facta.	6 Und dass diese Beispiele aus früherer Zeit durch die Todesfälle des Saturninus und der Gracchen gesühnt worden sind, zeigt er. Von diesen Dingen sei zur damaligen Zeit nichts geschehen, nicht einmal etwas als Gedanke überlegt worden, es sei nicht begonnen wor den, mit dem Volk zu verhandeln, kein Auszug aus der Stadt sei erfolgt.
7 Hortātur, cuius imperātōris ductū novem annīs rem pūblicam fēlīcissimē gesserint plūrimaque proelia secunda fēcerint, omnem Galliam Germāniamque pācāverint[9], ut eius exīstimātiōnem[10] dignitātemque[2] ab inimīcīs dēfendant.	7 Er ermahnt sie, gegen die Feinde das Ansehen und die Würde des Feldherrn zu verteidigen, unter dessen Führung sie neun Jahre lang den Staat sehr erfolgreich getragen und viele Schlachten mit glücklichem Ausgang ausgeführt und ganz Gallien und Germanien zum Vertrag mit Rom gebracht hätten.

8 cum populō agere: *als Tribun* mit der Volksversammlung *über das Abstimmungsverhalten im Senat* verhandeln – **9 pācāre:** ‚befrieden' *durch einen Vertragszustand mit dem römischen Reich* – **10 exīstimātiō:** guter Ruf

Arbeitsaufträge zur Erschließung und Interpretation

1 Stellen Sie aus den Texten 2.1 und 2.2 Ausdrücke zu den folgenden Wortfeldern zusammen:
a) staatliche und politische Institutionen und Aktionen.
b) Abwertende Ausdrücke.

2 Gliedern Sie dabei das Kapitel nach Textkomponenten:
a) Erzählabschnitte (Bericht von Vorgängen → Grundwissen 5, S. 8 – 10)
b) Reden (- Redebericht, - indirekte Rede → Grundwissen 5, S. 9, Nr. 5)

3 Beschreiben und erläutern Sie den so ermittelten Aufbau des Kapitels.

4 Stellen Sie, der Reihenfolge im Text entsprechend, in zwei Spalten die Hauptsatzprädikate und die dazu gegeben Objekte (Inhalte) zusammen.

5 Welche negativen oder positiven Reizwörter (z. B. Anklagen, Wertbegriffe) werden genannt? Erklären Sie: Was ist ihre jeweilige Bedeutung und mit welchem Ziel werden sie jeweils genannt? Stellen Sie die Stichworte in einer Tabelle nach folgendem Beispiel zusammen:

Reizwort	deutsch	Ziel
3/4 tribūnīcia potestās, intercessiō	tribunizische Gewalt, Recht der Volkstribunen, gegen ein Gesetz das Veto einzulegen	Pompeius hat eine alte Verfassungsinstitution völlig beseitigt und ist daher noch tyrannischer als der verrufene Sulla

6 a) Stellen Sie aus § 7 alle Informationen zusammen, die zu Pompeius und zu Caesar (in Verben und Substantiven) gegeben werden.
b) Interpretieren Sie: Wie werden Pompeius und Caesar charakterisiert?
Vorschlag: Stellen Sie die Informationen in zwei Spalten einander gegenüber und schreiben Sie die Auswertung neben oder unter die lateinischen Ausdrücke:

POMPEIUS	CAESAR
iniuriae factum: verstößt gegen das Recht	nihil: hält sich an das Recht
deductum: schlechter Charakter	laus: Anerkennung

2.2 Die Reaktion der Soldaten und der Übergang über den Rubikon in Caesars Darstellung

Caesar, Bellum civile 1,7,8– 1,8,1

7,8 Conclāmant legiōnis XIII, quae aderat, mīlitēs – hanc enim initiō tumultūs ēvocāverat, reliquae nōndum convēnerant – sēsē parātōs esse imperatōris suī tribūnōrumque plēbis iniūriās dēfendere.

8,1 Cognitā mīlitum voluntāte Ariminum[1] cum eā legiōne proficīscitur, ibique tribūnōs plēbis, quī ad eum confūgerant, convenit. Reliquās legiōnēs ex hībernīs[2] ēvocat et subsequī iubet.

conclāmāre, -clāmō, -clāmāvī, -clāmātum laut rufen, schreien
XIII = tertiae decimae
tumultus, -ūs *m.* Aufruhr
ēvocāre, ēvocō zu sich rufen
dēfendere, -fendō, -fendī, -fēnsum abwehren
Arīminum, -ī *n.* Rimini

convenīre, -veniō,-vēnī, -ventum treffen
hīberna, -ōrum *n. Pl. befestigtes* Winterlager
subsequī gleich, sofort nachkommen

1 Arīminum, -ī *n.: heute Rimini (in Norditalien am Adriatischen Meer, hier Zielakkusativ:* nach Rimini) –
2 hīberna, -ōrum *n. Pl.: befestigtes* Winterlager, *wo die Truppen überwintern*

Arbeitsaufträge

1 Setzen Sie die Bearbeitung der Arbeitsaufträge 1 und 4 – 6 zu Text 2.1 fort.
2 Vergleichen und überprüfen Sie die Texte 2.1 und 2.2 mit der Information 1 zu Text 2.2.

Zur Geschichtsdeutung

Caesar sagt im *Bellum civile*, seine *dignitas* sei ihm immer das höchste Gut gewesen (1,7,7). Damit konnte er allerdings nicht einen Bürgerkrieg mit Tausenden von Toten rechtfertigen. Er nannte daher auch Gründe, die besser beim Publikum ankamen: den Frieden sichern, die Republik verteidigen, das Recht wahren. An anderen Stellen des *Bellum civile*, z. B. 3,57,4, formuliert er das kurz und einprägsam so: *quiēs Ītaliae, pāx prōvinciārum, salūs imperiī*, „Ruhe in Italien, Friede in den Provinzen, Rettung des Reiches". Caesar macht nicht die wahren Ursachen des Krieges deutlich. Er ging um Geld und Einnahmen. Viele Senatoren und ihre Familien waren hoch verschuldet und verarmt und litten unter den Forderungen ihrer Gläubiger. Wahlkämpfe und Streben nach politischem Einfluss waren kostspielig. Caesar selbst hatte zum Beispiel riesige Bauprojekte begonnen, die noch bezahlt werden mussten. Wer zu viele Schulden hatte, konnte vom Zensor von der Senatorenliste gestrichen werden. Das Wirtschaftssystem der Republik war am Ende Während der Gallischen Kriege hatte sich Rom, hatten sich viele Adlige bestens bereichern können. Mit dem Ende blieben für viele die Geldzuflüsse aus. Es gab zum Beispiel nur noch jährliche Tributzahlungen aus Gallien an Rom, aber keinen Nachschub an Sklaven, deren Verkauf große Gewinne gebracht hatte Servius Sulpicius Rufus, der Konsul von 51, fasste Anfang 49 die Situation treffend zusammen (überliefert bei Cicero im Brief an Atticus 10,14,1): Pompeius sei grausam, Caesar verwegen, beide seien in Geldschwierigkeiten. Sie müssten sich Geld aus dem Privatvermögen anderer beschaffen. Das bedeutet:

Umverteilung der Vermögen. Cicero schreibt später, wozu das führen wird (Text 3.2, S. 49 f.). Am besten konnte man sich durch Proskriptionen (Text 1.3, Anm. 7, S. 19) Geld besorgen. Das war seit Sulla das bewährte Mittel, gegen politische Gegner vorzugehen und ihre Existenz zu vernichten.
Ein anderes Mittel war es, als Provinzverwalter den Provinzen mit immer neuen und zum Teil ganz verrückten Steuern Geld abzupressen. Der Caesargegner Scipio bereicherte sich zum Beispiel in der Provinz Asia durch eine Kopfsteuer für jeden Sklaven und Freien, Säulen- und Türsteuern und durch auferlegte Lieferung von Getreide, Soldaten, Waffen, Ruderern, Wurfmaschinen.
Ferner gab es das Mittel, Staatskassen und Tempelschätze zu plündern.
Weder Pompeius noch Caesar und ihre jeweiligen Gefolgsleute scheuten vor solchen Versuchen der Bereicherung zurück. Egal, ob man auf Caesar oder auf Pompeius setzte: Immer hofften die Anhänger auf große Vermögensvorteile und Abbau ihrer Schulden. Caesar ging allerdings weniger brutal vor als die Pompeianer. Caesar war überzeugt, dass Herrschaft auf Soldaten und Geld beruht; mit Geld gewinnt man Soldaten und bewahrt ihre Treue; mit Soldaten siegt man und verschafft sich Geld.

Nach W. Will: Julius Caesar. Eine Bilanz, Stuttgart / Berlin / Köln 1992, 179 – 186.

LERNWORTSCHATZ (*BC* 1,7,8 – 1,8,1)

ēvocāre, ēvocō, ēvocāvī, ēvocātum	zu sich rufen
dēfendere, -fendō, -fendī, -fēnsum	abwehren
convenīre, -veniō, -vēnī, -ventum	treffen
hīberna, -ōrum *n. Pl.*	*befestigtes* Winterlager
subsequī, -sequor, -secūtus sum	gleich nachfolgen, sofort nachkommen
dīvīnus, -a, -um	göttlich

2.3 Der Übergang über den Rubikon in Plutarchs Darstellung

Zum Autor → Grundwissen 1, S. 6

In Plutarchs Caesarbiographie heißt es:

Plutarch, *Caesar* 28 – 33 (Übersetzung: Konrat Ziegler)

28 Schon längst war Caesar entschlossen, Pompeius zu stürzen, so wie übrigens Pompeius ihm ein Gleiches tun wollte. … Es war noch gar nicht lange her, dass sich in Pompeius solche Sorgen regten. Bis dahin hatte er verächtlich über Caesar hinweggesehen, als ob es für ihn eine Kleinigkeit wäre, den Mann den er selber groß gemacht, wieder in die Tiefe zu reißen. Allein, Caesar hatte von Anfang an diesen Plan verfolgt und wie ein Athlet seine Nebenbuhler kämpfen lassen, während er sich in weitem Abstand hielt. In den Gallischen Kriegen bildete er sich zum Feldherrn heran, stählte sein Heer und mehrte seinen Ruhm durch glänzende Taten, die ihn auf gleiche Höhe wie den siegumstrahlten Pompeius emporhoben.
Um sein Ziel zu erreichen, griff er nach jedem Vorwand, mochte ihn Pompeius selber darbieten oder die Umstände und die Zerrüttung des politischen Lebens in Rom.

… Der Anarchie preisgegeben, trieb der Staat dahin wie ein Schiff ohne Steuermann, so daß besonnene Leute es noch für ein Glück ansahen, wenn aus solchem Wahnsinn und Wirrwarr schließlich die Alleinherrschaft und nicht Schlimmeres hervorgehe.

… Pompeius tat freilich spröde und verbat sich ein solches Ansinnen, aber nur zum Schein; in Tat und Wahrheit arbeitete er nach Kräften darauf hin, Diktator zu werden. …

29 Caesar bewarb sich um das Konsulat wie auch um die Verlängerung seiner Statthalterschaft. Während sich Pompeius vorerst in Schweigen hüllte, traten Marcellus und Lentulus den Forderungen entgegen. In ihrem Hass gegen Caesar begnügten sie sich aber nicht mit den durch die Umstände gebotenen Schritten, sondern gingen, um ihn zu kränken und zu beschimpfen, über das notwendige Maß weit hinaus. So nahmen sie den Bewohnern von Novum Comum, deren Stadt Caesar neu aufgebaut hatte, das römische Bürgerrecht wieder weg. Und als einer der dortigen Ratsherren nach Rom kam, ließ ihn Marcellus, welcher damals Konsul war, auspeitschen mit der Bemerkung, er verabreiche ihm dies zum Zeichen, dass er kein Römer sei; er solle hingehen und Caesar die Striemen zeigen. Nach dieser empörenden Tat des Marcellus ließ Caesar die in Gallien erbeuteten Reichtümer in Strömen in die Taschen aller politisch einflussreichen Römer fließen. Er befreite den Volkstribunen Curio von seiner drückenden Schuldenlast und schenkte dem Konsul Paulus fünfzehnhundert Talente (*eine große Währungseinheit*). … Pompeius war nun doch beunruhigt wegen Caesars Verbindungen und begann persönlich wie auch durch seine Freunde ganz offen darauf hinzuwirken, dass man ihn durch einen neuen Provinzstatthalter ersetze. Auch verlangte er die Legionen zurück, die er ihm für den Krieg in Gallien geliehen hatte. Caesar ließ sie ziehen, nachdem er zuvor jedem einzelnen Mann zweihundertfünfzig Drachmen geschenkt hatte. Die Offiziere, die die Truppen zu Pompeius zurückführten, streuten unter dem Volk allerlei verlogenes und bösartiges Geschwätz über Caesar aus und setzten Pompeius zu seinem Verderben eitle Hoffnungen in den Kopf: … Caesar sei von seinen eigenen Leuten gehasst, da er sie von einem Krieg in den andern treibe, und habe zudem durch seine monarchischen Gelüste Furcht und Misstrauen in ihnen wachgerufen. Ob solchem Gerede wurde Pompeius eitel und aufgeblasen. Er versäumte die Aushebung der Truppen, als ob er nichts zu fürchten hätte, und glaubte, Caesar auf dem Wege der Politik, durch Reden und Anträge, erledigen zu können.

30 Caesar hatte wirklich den Schein für sich, dass er mit seiner Forderung nur einen gerechten Anspruch verteidige. Sein Vorschlag ging nämlich dahin, dass er die Waffen niederlegen wolle, wenn Pompeius ein Gleiches tue; dann würden sie beide als gewöhnliche Bürger vom Volk den Dank für ihre Verdienste entgegennehmen. Wenn man dagegen ihn des Heeres beraube, jenem aber seine Macht belasse, so mache man doch nur, während der eine des Strebens nach der Tyrannis beschuldigt werde, den andern zum Tyrannen. Als Curio im Namen Caesars diesen Vorschlag dem Volke bekanntgab, erntete er begeisterten Beifall. … Auch der Volkstribun Antonius trat mit einem Schreiben, worin sich Caesar persönlich zu der Sache äußerte, vor die Menge und las es vor, so sehr die Konsuln dagegen protestierten. Pompeius' Schwiegervater Scipio hingegen stellte im Senat den Antrag, Caesar zum Feind des Vaterlandes zu erklären, wenn er nicht innerhalb einer bestimmten Frist die Waffen niederlege. Als nun die Konsuln fragten, ob Pompeius, und danach, ob Caesar seine Truppen entlassen müsse, fanden sich auf die erste Frage nur ganz wenig befürwortende Stimmen, während die zweite von fast allen Senatoren bejaht wurde. Nun schlug Antonius noch einmal vor, es sollten beide das Kommando niederlegen – und fand die geschlossene und einmütige Zustimmung des Senates. Dem aber widersetzte sich Scipio mit leidenschaftlicher Heftigkeit, und als gar der Konsul Lentulus schrie, dass man gegen einen Räuber Waffen brauche und keine Abstimmungen, ging die Versammlung auseinander, und die Senatoren legten Trauer an wegen der Entzweiung im Staate.

31 Bald darauf kamen neue Briefe von Caesar mit sehr maßvollen Vorschlägen. Er verzichtete auf seine bisherige Machtstellung und verlangte lediglich das diesseitige Gallien nebst Illyricum mit zwei Legionen bis zu dem Zeitpunkt, da er sich um das zweite Konsulat bewerben könne. Der Redner Cicero, der eben erst aus Kilikien zurückgekehrt war, versuchte nun, zwischen den beiden Gegnern zu vermitteln, und brachte Pompeius wirklich so weit, dass er Caesars Vorschläge im Ganzen guthieß, ohne ihm allerdings die gewünschten Truppen zuzubilligen. Daraufhin redete Cicero Caesars Freunden zu, sich mit den genannten Provinzen und sechstausend Mann zu begnügen und auf dieser Grundlage zur Versöhnung die Hand zu bieten. Dazu ließ sich auch Pompeius bewegen und willigte ein, doch der Konsul Lentulus wollte von dem Vergleich nichts wissen, sondern fiel mit Schmähungen über Antonius und Curio her und jagte sie in entehrender Weise aus dem Senat. Einen trefflicheren Vorwand hätte er Caesar gar nicht zuspielen können. Jetzt konnte dieser die Wut seiner Soldaten erst recht aufstacheln, indem er ihnen ausmalte, wie die beiden hochangesehenen Männer, Beamte des römischen Volkes, als Sklaven verkleidet auf einem Mietskarren hätten fliehen müssen. Denn aus Angst vor den Gegnern hatten sie Rom in solcher Tracht heimlich verlassen.

32 Caesar hatte damals nicht mehr als dreihundert Reiter und fünftausend Mann Fußvolk bei sich, das übrige Heer stand noch jenseits der Alpen und musste von den Legaten, die er hingeschickt hatte, erst nach Italien geführt werden. Doch war ihm klar, dass er im Anfang seines Unternehmens und für den ersten Angriff einer großen Kriegsmacht gar nicht bedürfe, vielmehr durch kühnes und schnelles Zupacken den Gegner überraschen müsse; denn es dünkte ihn leichter, die Feinde durch sein unerwartetes Erscheinen aus der Fassung zu bringen als durch einen gut vorbereiteten Kriegszug niederzuzwingen. Deshalb erteilte er seinen Obersten und den übrigen Offizieren Befehl, Ariminum (*eine bedeutende Stadt im keltischen Oberitalien)* zu besetzen, wobei er anordnete, dass sie nur das Schwert und sonst keine Waffe tragen und nach Möglichkeit Blutvergießen und Aufregung vermeiden sollten. Zum Führer der Truppen bestimmte er Hortensius. Er selber zeigte sich den Tag über in der Öffentlichkeit und hielt sich bei den Gladiatoren auf, deren Übungen er als Zuschauer verfolgte. Gegen Abend begab er sich ins Bad und danach in den Speisesaal, wo er sich eine Weile mit den geladenen Gästen unterhielt. Als es dunkel wurde, stand er auf, verabschiedete sich mit freundlichen Worten von den Anwesenden und bat sie zu bleiben, da er bald zurückkommen werde. Einige seiner Freunde hatten schon vorher Weisung erhalten, ihm zu folgen, aber nicht alle zusammen, sondern jeder für sich. Indes bestieg er einen Mietwagen und fuhr zunächst in anderer Richtung, dann schlug er den Weg nach Ariminum ein. Als er an den Fluss gelangte, welcher die Grenze bildet zwischen der Gallischen Provinz diesseits der Alpen und dem eigentlichen Italien (er heißt Rubikon), fiel er in tiefes Nachdenken. Denn die furchtbare Entscheidung trat nun an ihn heran, und ihn schwindelte vor der Größe des Wagnisses. Er ließ den Wagen anhalten und erwog schweigend, in sich gekehrt, noch einmal seinen Plan, prüfte ihn hin und her, fasste einen Entschluss und verwarf ihn wieder. Lange beriet er dann mit den Freunden in seinem Gefolge – auch Asinius Pollio war unter ihnen – und sann dem Gedanken nach, wie viel Unglück über alle Menschen kommen müsse, wenn er den Fluss überschritte, und wie die Nachwelt wohl über ihn urteilen werde. Schließlich aber schob er in leidenschaftlicher Bewegung die Zweifel von sich und tat den Schritt in die Zukunft mit dem Wort, das schon so vielen über die Lippen gekommen ist, die einem ungewissen Schicksal und kühnen Wagnis entgegengingen: „Der Würfel soll geworfen sein!" So überschritt er den Fluss, und nachdem er den Rest des Wegs in rascher Fahrt zurückgelegt hatte, drang er noch vor dem Morgengrauen in Ariminum ein und besetzte die Stadt. In der Nacht vor dem Übergang über den Rubikon soll Caesar einen schrecklichen Traum gehabt haben: Es war ihm, als ob er mit seiner Mutter verbotenen Umgang triebe.

33 Durch die Einnahme von Ariminum wurde dem Krieg das Tor weit aufgerissen zu allen Ländern und Meeren, und mit den Grenzen von Caesars Provinz stürzte auch die römische Verfassung in sich zusammen. Es war nicht wie sonst in Kriegszeiten, da die Angst Männer und Frauen durch Italien trieb, diesmal schienen ganze Städte sich aufgemacht zu haben und flüchtig durcheinander zu irren. Rom selber wurde von Flüchtlingen und Auswanderern der umliegenden Landschaften überflutet und vollgepfercht, die Behörden vermochten sich nicht mehr durchzusetzen, weder mit gütlichem Zureden noch mit scharfem Befehl, und wenig fehlte, so hätte sich die Stadt in den tobenden Fluten selber vernichtet. Überall stritten die Leidenschaften widereinander, regten sich Unruhen und Gewalttat. Denn auch diejenigen, die an dem Umschwung ihre Freude hatten, blieben nicht ruhig, sondern stießen in der großen Stadt immer wieder mit ihren bestürzten und niedergeschlagenen Gegnern zusammen, und wenn sie dann auftrumpften mit dem, was jetzt noch kommen werde, war bald ein Streit im Gange. Pompeius selber war ganz betäubt, dazu stürmten von allen Seiten verwirrende Fragen auf ihn ein. … So gab er schließlich nach unter dem Eindruck der zahlreichen Botschaften, Lügen, Schreckensnachrichten, der Krieg stehe schon vor den Toren, habe das ganze Land schon erfasst, und ließ sich von dem allgemeinen Wirrwarr mit fortreißen. Er erklärte in einem Dekret, dass alle Ordnung aufgelöst sei, und verließ dann die Stadt, nachdem er befohlen hatte, dass der Senat ihm folgen und niemand zurückbleiben solle, dem Vaterland und Freiheit höher stünden als die Tyrannis.

Übersetzung aus: Plutarch: Große Griechen und Römer. Eingeleitet und übersetzt von Konrat Ziegler, Band V, Zürich / Stuttgart 1960, S. 132 – 139.

Arbeitsaufträge zur Interpretation

1 a) Stellen Sie aus der Darstellung Plutarchs die in der Information genannten Elemente mit Textbelegen zusammen.
b) Erläutern Sie deren Gestaltung bei Plutarch und interpretieren Sie: Mit welcher Absicht stellt Plutarch das Geschehen dar?

2 Welche Aspekte Plutarchs finden sich in dem Wandteppich aus Belgien wieder (S. 32)?

3 Vergleichen Sie Caesars Darstellung (Text 2.2) mit der Plutarchs (Text 2.3).

Elemente der Rubikonberichte bei den verschiedenen Autoren

1) Caesars Schreiben an den Senat;
2) die Verhandlungen im Senat und das Verhalten seiner führenden Männer;
3) die Rolle der Volkstribunen im Senat und ihre Flucht;
4) die Vorführung der Volkstribunen vor den Soldaten Caesars;
5) die Herbeiholung der Legionen Caesars;
6) Caesars Aufenthalt und Teilnahme am Gastmahl in Ravenna;
7) die Fahrt zum Rubikon und ihre Begleitumstände;
8) das Nachdenken am Rubikon;
9) Erscheinungen oder Vorzeichen vor der Fahrt oder vor der Überschreitung des Rubikons;
10) der Würfelspruch;
11) der Übergang über den Rubikon;
12) die Besetzung von Rimini;
13) die Ansprache an die Soldaten.

Übergang über den Rubikon (Wandteppich, Belgien, um 1450)

2.4 Der Übergang über den Rubikon in Suetons Darstellung

Zum Autor Sueton ⟶ Grundwissen 1 und 6 (Biografie).

In seiner Caesarbiografie stellt Sueton (c. 28) dar, dass Caesar intensiv „Könige und Provinzen auf dem ganzen Erdkreis an sich lockte, indem er den einen Tausende von Gefangenen als Geschenk anbot, den anderen unter Umgehung der Autorität von Senat und Volk Hilfstruppen zur Unterstützung schickte, wohin und sooft sie wollten, und darüber hinaus die mächtigsten Städte Italiens, beider Gallien, beider Spanien, auch Kleinasiens und Griechenlands mit exzellenten Bauwerken ausschmückte. Weiter schreibt Sueton in Kapitel 28 – 33:

a) Sueton, Divus Iulius 28

Davon waren schon alle total erschreckt und sie überlegten, womit dies enden werde; schließlich kündigte der Konsul Marcus Claudius Marcellus in einem Edikt an, er werde für das Wohl des Staates sorgen, und legte dem Senat folgenden Antrag vor: Caesar solle vorzeitig einen Nachfolger (in Provinz- und Heereskommando) bekommen, da ja der Krieg zu Ende und ein Vertrag (mit den Gegnern) geschlossen sei und das siegreiche Heer entlassen gehöre; bei den Wahlversammlungen solle Caesar nicht berücksichtigt werden, weil er abwesend sei und Pompeius das diesbezügliche Gesetz nicht nachträglich durch einen Volksbeschluss abgeändert habe. Es war nämlich passiert, dass Pompeius, als er das Gesetz über das Recht der Amtsträger einbrachte, in dem Abschnitt, in dem er Abwesende von der Bewerbung um öffentliche Ämter ausschloss, auch Caesar nicht davon ausnahm – aus Vergesslichkeit (*per oblīviōnem*), und dass er erst darauf, als das Gesetz schon in Erz gegossen und im Archiv deponiert war, den Irrtum korrigierte. Und nicht zufrieden damit, Caesar seine Provinzen und das Ausnahmerecht zu entreißen, beantragte Marcellus auch, den Siedlern, die Caesar nach dem Vatinischen Gesetz in Como (*Novum Comum*) angesiedelt habe, solle das römische Bürgerrecht aberkannt werden, weil es ihnen aus politischem Ehrgeiz und in Überschreitung der Vorschriften verliehen worden sei.

b) Sueton, Divus Iulius 29

1 Commōtus hīs Caesar ac iūdicāns – quod saepe ex eō audītum ferunt – difficilius sē prīncipem cīvitātis ā prīmō ōrdine in secundum quam ex secundō in novissimum dētrūdī, summā ope restitit, partim per intercessōrēs tribūnōs, partim per Servium Sulpicium, alterum cōnsulem. Īnsequentī quoque annō Gāiō Mārcellō, quī frātrī patruēlī suō Mārcō in cōnsulātū successerat, eadem temptante collēgam eius Aemilium Paulum Gāiumque Cūriōnem violentissimum tribūnōrum ingentī mercēde dēfēnsōrēs parāvit.

1 Durch diese Dinge war Caesar sehr beunruhigt. Er urteilte nämlich – und soll das oft gesagt haben –, dass er als Führer des Volkes schwerer vom ersten Rang auf den zweiten heruntergestoßen werden könne als vom zweiten auf den letzten Rang. Daher widersetzte er sich mit aller Macht, teils durch den Einspruch der Volkstribunen, teils mit Hilfe des Servius Sulpicius, des anderen Konsuls. Im darauf folgenden Jahr versuchte Gaius Marcellus, der seinem Vetter Marcus im Konsulat nachgefolgt war, genau dasselbe. Da machte sich Caesar dessen Amtskollegen Aemilius Paulus und Gaius Curio, den Tribun, der am meisten zu gewalttätigen Aktionen neigte, mit einer ungeheuren Belohnungssumme zu seinen Verteidigern.

2 Sed cum obstinātius omnia agī vidēret et dēsīgnātōs etiam cōnsulēs ē parte dīversā, senātum litterīs dēprecātus est, nē sibī beneficium populī adimerētur aut ut cēterī quoque imperātōrēs ab exercitibus discēderent, cōnfīsus, ut putant, facilius sē, simul atque libuisset, veterānōs convocātūrum quam Pompēium novōs mīlitēs. Cum adversāriīs autem pepigit, ut dīmissīs octō legionibus Trānsalpīnāque Galliā duae sibī legiōnēs et Cisalpīna prōvincia vel etiam ūna legiō cum Illyricō concēderētur, quoad cōnsul fieret.

2 Aber dann sah er, dass alles noch sturer behandelt wurde und sogar die Konsuln des nächsten Jahres von der Gegenseite kamen. Da bat er den Senat in einem Schreiben, dass ihm nicht das Geschenk des Volkes weggenommen wird oder aber dass auch die anderen Oberbefehlshaber den Befehl über ihre Heere abgeben. Dabei vertraute er, meint man, darauf, dass er leichter seine Veteranen, sobald er es wolle, zusammenrufen könne als Pompeius neue Soldaten. Mit seinen Gegnern traf er eine Vorvereinbarung, dass er acht Legionen und das Gallien jenseits der Alpen aufgibt, dass ihm aber zwei Legionen und das Gallien diesseits der Alpen weiterhin belassen werden oder auch nur eine einzige Legion zusammen mit Illyricum, bis er Konsul werde.

Jean Fouquet, Caesar überschreitet den Rubikon
Buchillustration, 15. Jh., Louvre, Paris

→ Hinweise zur Textpräsentation, S. 92

Text 8 b: Sueton, Divus Iulius 30

1 Vērum neque senātū interveniente /
et adversāriīs negantibus / ūllam sē dē rē
pūblicā factūrōs pactiōnem, /
trānsiit in citeriōrem Galliam, /
conventibusque perāctīs[1] /
Ravennae[2] substitit, /
bellō vindicātūrus, /
sī quid dē tribūnīs plēbis / intercēdentibus
prō sē / gravius ā senātū cōnstitūtum esset.
2 Et praetextum quidem illī cīvīlium
armōrum hoc fuit; /
causās autem aliās fuisse / opīnantur.
Gnaeus Pompēius ita dictitābat: / quod
neque opera consummāre, / quae
īnstituerat, / neque populī expectātiōnem, /
quam dē adventū suō fēcerat, / prīvātīs
opibus explēre posset, / turbāre omnia ac
permiscēre / voluisse.
3 Aliī / timuisse / dīcunt, / nē eōrum, /
quae prīmō cōnsulātū[3] adversus auspicia
lēgēsque et intercessiōnēs gessisset, /
ratiōnem reddere / cōgerētur; /
cum M. Catō identidem nec sine iūre
iūrandō dēnūntiāret / dēlātūrum sē
nōmen eius, / simul ac prīmum exercitum
dīmisisset; /
cumque / vulgō fore / praedicārent, / ut, / sī
prīvātus redīsset, / Milōnis
exemplō[4] / circumpositīs armātīs / causam
apud iūdicēs dīceret.
4 Quod probābilius facit Asinius[5]
Polliō[5], / Pharsālicā aciē[6] caesōs
prōflīgātōsque adversāriōs
prōspicientem / haec eum ad verbum
dīxisse /

vērum aber
neque … et einerseits nicht … andererseits
intervenīre dazukommen, sich einer Sache annehmen
adversārius, -ī *m.* Gegner
pactiō, -ōnis *f.* Vereinbarung, Abkommen
Gallia citerior *f.* Gallien diesseits der Alpen (von Rom aus)
conventūs peragere Gerichtstage abhalten
Ravennae *Lokativ* in Ravenna
vindicāre bestrafen
tribūnus plēbis *m.* Volkstribun
intercēdere, -cēdō *(amtlich)* Einspruch erheben *(hier zugunsten Caesars)*
praetextum, -ī *n.* Vorwand
cīvīlia arma Bürgerkrieg
opinārī annehmen, meinen
dictitāre immer wieder sagen, oft sagen
opus, -eris *n.* Bauwerk
cōnsummāre vollenden
ex(s)pectātiō, -ōnis *f.* Hoffnung(en)
opēs, -um *f.* Mittel, Gelder
explēre erfüllen
permiscēre durcheinander bringen
timuisse *erg.* **eum**
adversus + *Akk.* gegen
auspicia, -ōrum *n. Pl.* Auspizien, Vogelzeichen
intercessiō, -ōnis *f.* Einspruch, Veto
ratiōnem reddere Rechenschaft ablegen
cum … weil …; kündigte doch immer wieder an
Mārcus Porcius Catō politischer Gegner Caesars → Grundwissen 2 und Text 3
identidem *Adv.* immer wieder, wiederholt
iūs iūrandum *n.* Eid, Schwur
dēnūntiāre öffentlich erklären
alicuius nōmen dēferre,-ferō, -tulī, -lātum jmd anklagen
simulac sobald, hier durch **prīmum** verstärkt
vulgō *Adv.* allgemein
praedicāre sagen, verkünden
fore, ut … causam dīceret „es werde geschehen, dass er sich verteidige" = er werde sich zu verantworten haben
prīvātus Privatmann *(ohne amtlichen Oberbefehl)*
Milōnis exemplō nach dem Beispiel Milos
circumpōnere, -pōnō, -posuī, -positum rings um etw. oder jdn stellen
armātus, -ī *m.* Bewaffneter
apud iūdicēs dīcere, dīcō sich vor Gericht verantworten
quod *relativ(isch)er Anschluss*
probābilis, -e wahrscheinlich
Asinius Polliō *(76 – 5 v. Chr.) Eigenname*
Pharsālica aciēs *f.* Schlacht von Pharsalos
prōflīgāre niederschlagen, vernichten
prōspicere, -spiciō sehen auf
ad verbum wörtlich

1 conventūs peragere, -agō, ēgī, -āctum Gerichtstage abhalten *(eine Aufgabe der Provinzstatthalter)* – **2 Ravenna, ae** *f. Stadt in Norditalien, nahe dem Adriatischen Meer, nördlich des Flusses Rubikon* – **3 prīmus cōnsulātus** *Caesar war 59 v. Chr. zum ersten Mal Konsul gewesen, dann als Prokonsul nach Gallien gegangen.* – **4 Titus Annius Milō** *war 57 v.Chr. Volkstribun, ermordete als Bandenführer einen Amtskollegen, wurde verbannt und kämpfte schließlich gegen Rom.* – **Milōnis exemplō** nach dem Beispiel Milos, *der in einem Mordprozess unter starker Bewachung gestanden hatte* – **5 Asinius Polliō** *(76 – 5 v. Chr.) verfasste eine Darstellung der Bürgerkriege* – **6 Pharsālica aciēs** *f.* Schlacht von Pharsalos *in Thessalien, wo Caesar 48 v. Chr. die Truppen des Pompeius entscheidend schlug.*

referēns: „Hoc voluērunt; / tantīs rēbus gestīs[7] / Gāius Caesar condemnātus essem, nisī ab exercitū auxilium petīssem.“
5 Quīdam putant captum imperiī cōnsuētūdine pēnsitātīsque suīs et inimīcōrum vīribus ūsum occāsiōne rapiendae dominātiōnis, quam aetāte prīmā concupīsset.
Quod exīstimāsse vidēbātur et Cicerō scrībens dē Officiis tertiō librō semper Caesarem in ōre habuisse Euripidis versūs, quōs sīc ipse convertit:
Nam sī violandum est iūs, rēgnandī
grātia violandum est:
aliīs rēbus pietātem colās[8].

condemnāre verurteilen
quīdam manche
(imperiī) cōnsuētūdō, inis *f.* Gewöhnung (an die Macht)
pēnsitāre abwägen
pēnsitātis … vīribus *Abl. + Präd. (Abl. abs.)*
occāsiō, -ōnis *f.* Gelegenheit)
ūsum (*von* **ūtī**): *ergänze* esse
dominātiō, -ōnis *f.* Alleinherrschaft
aetās prīma *f.* früheste Jugend
concupīscere, -cupīscō, -cupīvī begehren
quod *relativ(isch)er Anschluss*
exīstimāsse = exīstimāvisse
Euripidēs, -is *griech. Tragödiendichter (5. Jh. v. Chr.)*
versus, -ūs *m.* Vers
convertere, -vertō übersetzen
violāre verletzen
rēgnāre König sein, herrschen
grātiā *nach Gen.* um … willen; wegen
pietās, -ātis *f.* Pflichterfüllung, Gesetzestreue
colere, colō pflegen, ehren

7 tantīs rēbus gestīs *Abl.+Präd. (Abl. abs.), meint Caesars frühere Verdienste als Konsul und Provinzstatthalter (→ Texte 2.1–2.2)* – **8 colās** *(potentialer Konjunktiv)* magst du *oder* mag man beachten, befolgen

LERNWORTSCHATZ

(Sueton, *Divus Iulius 30*)

vērum	aber
adversārius, -ī *m.*	Gegner
vindicāre, vindicō, vindicāvi, vindicātum	einschreiten, bestrafen (***setzt Rechtmäßigkeit voraus***)
tribūnus plēbis, tribūnī plēbis *m.*	der Volkstribun
opinārī, opīnor, opīnātus sum	annehmen, meinen
opus, -eris *n.*	Bauwerk
opēs, -um *f.*	Mittel, Gelder
iūs iūrandum, iūris iūrandī *n.*	Eid, Schwur
simulac (prīmum)	sobald
vulgō *Adv.*	allgemein
praedicāre, praedicō, praedicāvī, praedicātum	sagen, verkünden
fore	*Infinitiv Futur zu* esse
armātus, -ī *m.*	bewaffnet, der Bewaffnete
prōspicere, -spiciō, -spexī, -spectum	sehen auf, vorhersehen, sorgen für
condemnāre, -demnō, -demnāvī, -demnātum	verurteilen
quīdam	manche
violāre, violō, violāvī, violātum	verletzen, vergewaltigen
convertere, -vertō, -vertī, -versum	übersetzen
grātiā *nach Genitiv*	um … willen, wegen

→ Hinweise zur Textpräsentation, S. 92

d) Sueton, Divus Iulius 31

1 Cum ergō / sublātam tribūnōrum intercessiōnem / ipsōsque urbe cessisse / nūntiātum esset, /
praemissīs cōnfēstim clam cohortibus, nē qua suspīciō movērētur, /
et spectāculō pūblicō per dissimulātiōnem interfuit /
et fōrmam, quā lūdum gladiātōrium erat aedificātūrus, cōnsīderāvit /
et ex cōnsuētūdine convīviō sē frequentī dedit.

2 Dein post sōlis occāsum mūlīs ē proximō pistrīnō ad vehiculum iūnctīs / occultissimum iter modicō comitātū ingressus est; /
et cum / lūminibus extīnctīs / dēcessisset viā, / diū errābundus / tandem ad lūcem duce repertō / per angustissimōs trāmitēs pedibus ēvāsit. Cōnsecūtusque cohortīs ad Rubicōnem flūmen, quī prōvinciae eius fīnis erat, / paulum cōnstitit, /
ac reputāns, quantum mōlīrētur, /
conversus ad proximōs: „Etiam nunc," inquit, „regredī possumus; / quod sī ponticulum trānsierimus, omnia armīs agenda erunt."

intercessio, -ōnis *f.* Einspruchsrecht
praemittere, -mittō, -mīsī, -missum voran-, vorausschicken
cōnfēstim *Adv.* sofort
clam *Adv.* heimlich
suspīciō, -ōnis *f.* Verdacht, Misstrauen
spectāculum, -ī *n.* Schauspiel, „Show"
dissimulātiō, -ōnis *f.* Heuchelei Ablenkung
interesse, -sum, -fuī + *Dat.* teilnehmen an
fōrma, -ae *f.* Modell
quā *hier* nach dem
lūdus gladiātōrius *m.* Gladiatorenschule
cōnsīderāre betrachten, begutachten
cōnsuētūdō, dinis *f.* Gewohnheit
convīvium, ī *n.* Gastmahl, Fest, Essenseinladung
frequēns, -entis zahlreich *oder* gut besucht
sē dare, mē dō, dedī sich widmen

occāsus, -ūs *m.* Untergang
mūlus, -ī *m.* Maultier
vehiculum, -ī *n.* Wagen
pistrīnum, -ī *n.* Mühle (wo Maultiere den Mühlstein drehen)
occultus, -a, -um verborgen, geheim, heimlich
modicus, -a, -um mäßig, bescheiden
comitātus, -ūs *m.* Begleitung
ingredī, -gredior, -gressus sum hineingehen, *hier* antreten
lūmen, inis *n.* Leuchtfackel
dēcēdere, -cēdō, -cessī abkommen von
errabundus umherirrend
trames, -itis *m.* Pfad
pedibus zu Fuß
ēvādere, ēvādō, ēvāsī *hier* aus dem Irrweg herausfinden
cohortīs *Akk. Pl.* die Kohorten
reputāre berechnen, überlegen
mōlīrī, mōlior in Bewegung setzen
convertī, -vertor, -versus sum ad sich wenden an
regredī, -gredior zurückgehen
ponticulum, -ī *n.* kleine Brücke

LERNWORTSCHATZ

(Sueton, *Divus Iulius 31*)

praemittere, -mittō, -mīsī, -missum	voran-, vorausschicken
clam *Adv.*	heimlich
cohors, -ortis *f.*	Kohorte
suspīciō, -ōnis *f.*	Verdacht, Misstrauen
interesse, -sum, -fuī *mit Dat.*	teilnehmen an
cōnsīderāre, cōnsīderō, cōnsīderāvī, cōnsīderātum	betrachten, begutachten
convīvium, ī *n.*	Gastmahl, Fest
frequēns, -entis	zahlreich *oder* gut besucht
occultus, -a, -um	verborgen, geheim, heimlich
ingredī, -gredior, -gressus sum	hineingehen, *hier* antreten
lūmen, -inis *n.*	Licht, Leuchtfackel
ēvādere, ēvādō, ēvāsī	entkommen
mōlīrī, mōlior, mōlītus sum	in Bewegung setzen
convertī, -vertor, -versus sum ad	sich wenden an

→ Hinweise zur Textpräsentation, S. 92

e) Sueton, Divus Iulius 32

1 Cūnctantī / ostentum tāle factum est.
Quīdam eximiā magnitūdine et fōrmā in proximō sedēns / repente appāruit / harundine canēns;
ad quem audiendum / cum praeter pāstōrēs plūrimī etiam ex statiōnibus mīlitēs concurrissent interque eōs et aeneātōrēs, /
raptā ab ūnō tubā / prōsilīvit ad flūmen et ingentī spīritū classicum exōrsus / pertendit ad alteram rīpam.
Tunc Caesar:
„Eātur“, inquit, „quō deorum ostenta et inimīcōrum inīquitās vocat.
Iacta ālea est“, inquit.

cūnctārī, cūnctor zögern
ostentum, -ī *n.* Wunder(zeichen), Erscheinung
quīdam jemand
eximius, -a, -um herausragend
in proximō ganz in der Nähe
repente *Adv.* plötzlich
harundine canere, canō (auf der) Flöte spielen
pāstor, pāstōris *m.* Hirte, Schäfer
statiō, -ōnis *f.* (Wacht)posten
et auch
aeneātor, -ōris *m.* Trompeter
tuba, -ae *f.* Trompete
prōsilīre, -siluī nach vorne springen, eilen
spīritus, -ūs *m.* Atem, Luft
classicum, -ī *n.* Angriffssignal
exōrdīrī, -ōrdior, -ōrsus sum beginnen, „anstimmen"
pertendere, -tendō, -tendī streben, eilen (zu)
quō wohin
inīquitās, -ātis *f.* Ungerechtigkeit, Unrecht
ālea, -ae *f.* Würfel

1 **ad quem audiendum** *relativ(sch)er Satzanschluss:* um ihn zu hören

LERNWORTSCHATZ

(Sueton, *Divus Iulius 32*)

quīdam	jemand
canere, canō, cecinī	singen, spielen auf *(im Lat.: Abl.)*
rīpa, -ae *f.*	Ufer

→ Hinweise zur Textpräsentation, S. 92

f) Sueton, Divus Iulius 33

1 Atque ita trāiectō exercitū, / adhibitīs tribūnīs plēbis, quī pulsī supervēnerant, / prō cōntiōne fidem mīlitum / flēns / ac veste ā pectore discissā / invocāvit.

trāicere, -iciō, -iēci, -iectum hinüberbringen
adhibēre, -hibeō, -hibuī, -hibitum hinzuziehen
tribūnus plēbis Volkstribun
supervenīre, -veniō, -vēnī, -ventum zu jdm. stoßen
contiō, -ōnis *f.* Heeresversammlung
discindere, -scindō, -scīdī, -scissum wegreißen
invocāre, -vocō, -vocāvī, -vocātum anrufen

2 Exīstimātur etiam equestrēs cēnsūs pollicitus singulīs; quod accidit opīniōne falsā. Nam cum in adloquendō adhortandōque saepius digitum laevae manūs ostentāns adfirmāret sē ad satis faciendum omnibus, per quōs dignitātem suam dēfēnsūrus esset, anulum quoque aequō animō dētractūrum sibī, extrēma cōntiō, cui facilius erat vidēre cōntionantem quam audīre, prō dictō accēpit, quod vīsū suspicābātur; prōmissumque iūs anulōrum cum mīlibus quadringēnīs fāma distulit.

2 Man nimmt auch an, dass er einzelnen Soldaten das Vermögen von Rittern versprochen hat. Das kam aber durch ein Missverständnis. Denn als er beim Appellieren und Beschwören der Soldaten öfter den Ring an seiner linken Hand zeigte und so nachdrücklich glaubhaft machen wollte, dass er, um alle zufriedenzustellen, mit deren Hilfe er seine Würde verteidigen werde, sich auch den Ring mit Gleichmut abziehen werde, da nahm die letzte Reihe der Versammlung, für die es leichter war, ihn bei seiner Ansprache zu sehen als zu hören, für tatsächlich gesagt an, was sie aufgrund des Anblicks nur vermutete; und das Gerücht verbreitete sich, er habe das Recht auf Ritterringe zusammen mit je 400 000 Sesterzen versprochen.

LERNWORTSCHATZ

(Sueton, *Divus Iulius 33*)

trāicere, -iciō, -iēcī, -iectum	hinüberbringen
adhibēre, -hibeō, -hibuī, -hibitum	hinzuziehen
tribūnus plēbis , tribūnī plēbis *m.*	Volkstribun
cōntiō, -ōnis *f.*	Heeresversammlung

Arbeitsaufträge zur Satz- und Texterschließung

1 Schreiben Sie die Abschnitte längerer Sätze untereinander und geben Sie in einer Spalte daneben möglichst genau den Text des Abschnitts auf Deutsch wieder. Versuchen Sie, auf diese Weise den Sinn der einzelnen Abschnittt zu erfassen. → Erläuterungen dazu auf S. 91 – 93.

2 Erstellen Sie gegebenenfalls Satzabbildungen zu einzelnen Sätzen. → Beispiel S. 92.

3 Versuchen Sie, die einzelnen Kapitel außer mit Techniken der Satzerschließung auch insgesamt vorweg zu lesen und zu gliedern

a) Welche gliedernden Elemente lassen sich im jeweiligen Kapitel beobachten? → Erläuterungen S. 94, 3.2

b) Arbeiten Sie beim Durchlesen der Kapitel Wortfelder heraus, die einem der genannten Elemente der Rubikonberichte entsprechen Information 1 zu Text 2.3, S. 31). → Erläuterungen dazu auf S. 93

Arbeitsaufträge zur Interpretation

4 a) Arbeiten Sie heraus: Welche Elemente der Rubikonberichte (⟶ Information zu Text 2.3, S. 31) kommen im Text Suetons vor?
b) Zeigen und erläutern Sie: Wie sind die Elemente angeordnet?
c) Zeigen und erläutern Sie: Wie sind sie inhaltlich gestaltet?

5 Buchillustration auf S. 34: Arbeiten Sie heraus:
a) Welche Einzelheiten folgen dem Text Suetons, welche widersprechen ihm?
b) Welche Einzelheiten sind nach mittelalterlichen Vorstellungen von Natur, Fluss, Rüstung u.Ä. gestaltet?
c) Welche Unterschiede bestehen in der Gestaltung von Vorder- und Hintergrund?

6 a) Vergleichen Sie Plutarchs und Suetons Bericht (Texte 2.3 und 2.4), indem Sie die Anordnung der Elemente und ihre Gestaltung konfrontieren.
b) Untersuchen Sie, welche Gestaltung mehr Überzeugungskraft hat. Berücksichtigen Sie dabei auch aus Text 2.4 den § 2.
c) Untersuchen Sie: Welche Gestaltung stellt Caesar positiver dar?

7 a) Schreiben Sie an Caesar: ‚Warum, Iulius Caesar, haben Sie Folgendes nicht dargestellt?'
b) Schreiben Sie eine Antwort Caesars darauf.

8 Diskutieren Sie in der Rolle Plutarchs, Suetons und Caesars (als Autor, lat. *auctor*) über die Darstellung Caesars in den Texten 2.1 - 2.4.

9 Diskutieren Sie in der Rolle Plutarchs, Suetons und Caesars (als Akteur, lat. *āctor*) über die Darstellung Caesars in den Texten 2.1 - 2.4.

10 (Interpretieren Sie:) Wie kommen die in Information S. 31 dargestellten Fakten in den Texten 2.3 und 2.4 zur Sprache? Beachten Sie besonders Text 2.4c.

2.5 Der Übergang über den Rubikon in der Darstellung des Velleius Paterculus

Zum Autor ⟶ Information, S. 41

Velleius Paterculus, Historia Romana 2, 48,1 - 6

1 Intrā breve deinde spatium bellī cīvīlis exārsērunt initia, cum iūstissimus quisque et ā Caesare et ā Pompēiō vellet dīmittī exercitūs; quippe Pompēius in secundō cōnsulātū Hispāniās sibī dēcernī voluerat eāsque per triennium absēns ipse ac praesidēns urbī per Āfrānium et Petrēium, cōnsulārem ac praetōrium, lēgātōs suōs, administrābat et iīs, quī ā Caesare dīmittendōs exercitūs contendēbant, adsentābātur, iīs, quī ab ipsō quoque, adversābātur.

1 Innerhalb ganz kurzer Zeit loderten dann die Anfänge des Bürgerkriegs auf, obwohl alle rechtlich Denkenden wollten, dass sowohl von Caesar als auch von Pompeius die Heere entlassen würden; Pompeius hatte sich ja in seinem zweiten Konsulat die beiden Spanischen (Provinzen) übertragen lassen und verwaltete sie, während er selbst abwesend war und vor der Stadt saß, drei Jahre lang durch seine Legaten Afranius und Petreius, der eine ein ehemaliger Konsul, der andere ein ehemaliger Praetor; und denen,die sich dafür einsetzten, Caesar seine Heere zu nehmen, redete er nach dem Munde, denen, die auch ihm die Heere nehmen wollten, arbeitete er entgegen.

2 Quī sī ante biennium, quam ad arma itum est, perfectīs mūneribus theatrī et aliōrum operum, quae eī circumdedit, gravissimā temptātus valetūdine dēcessisset in Campāniā (quō quidem tempore ūniversa Ītalia vōta prō salūte eius prīmī omnium cīvium suscēpit), dēfuisset fortūnae dēstruendī eius locus et, quam apud superōs habuerat magnitūdinem inlībātam dētulisset ad īnferōs.

3 Bellō autem cīvīlī et tot, quae deinde per continuōs XX annōs cōnsecūta sunt, malīs nōn alius maiōrem flāgrantiōremque quam C. Cūriō tribūnus plēbis subiēcit facem, vir nōbilis, ēloquēns, audāx, suae aliēnaeque et fortūnae et pudīcitiae prōdigus, homō ingeniōsissimē nēquam et fācundus malō pūblicō, cuius animō neque opēs ūllae neque cupiditātēs sufficere possent.

4 Hic prīmō prō Pompēi partibus, id est, ut tunc habēbātur, prō rē pūblicā, mox simulātiōne contrā Pompēium et Caesarem, sed animō prō Caesare stetit. Id grātīs an acceptō centiēs sestertiō fēcerit, ut accēpimus, in mediō relinquēmus.

2 Zu ihm ist zu sagen Wenn er zwei Jahre, bevor man zu den Waffen schritt, nachdem er die Geschenke des Theaters und der anderen Bauten die er darum gruppierte, vollendet hatte, damals, als er dann von einer sehr schweren Krankheit attackiert wurde, in Kampanien aus dem Leben geschieden wäre – zu einer Zeit jedenfalls, als das gesamte Italien Gelübde für seine Gesundung ablegte, da er der erste aller Bürger war –, dann hätte sich keine Gelegenheit gefunden, sein Glück zu zerstören, und er hätte die Größe, die er an der Oberwelt gehabt hatte, ungeschmälert mit in die Unterwelt genommen.

3 Für den Bürgerkrieg aber und für so viele Übel, die dann durch zwanzig Jahre ohne Unterbrechung gefolgt sind, hat niemand anders einen Brand angelegt, der größer war und heißer loderte, als der Volkstribun C. Curio, ein Mann von Adel, rhetorischer Brillanz, Rücksichtslosigkeit, unbekümmertem Umgang mit eigenem und fremdem Vermögen, eigener und fremder Ehrbarkeit, der geborene Gauner, redegewandt zum Schaden des Staates.

4 Seinem rastlosen Geist waren keine noch so großen Reichtümer, nicht die ausschweifendsten Begierden genug. Er war erst auf der Seite der Pompeiuspartei, das heißt nach damaliger Einschätzung auf Seiten des Staates, bald war er nach außen hin gegen Pompeius und Caesar, aber im Innern auf Caesars Seite. Ob er sich dazu umsonst oder, wie wir gehört haben, gegen hundertmal 100 000 Sesterzen entschlossen hat, wollen wir unentschieden lassen.

Velleius Paterculus (20 v. Chr. – ca. 30 n.Chr.) widmete sein rhetorisch ausgefeiltes Geschichtswerk *Historia Romana* Kaiser Tiberius. Es ist ein kurzer Abriss der Weltgeschichte: Buch I behandelt die Zeit vom Fall Trojas bis 146 v. Chr., Buch II die Zeit von 146 v. Chr. bis zu der Zeit des Verfassers. Im Ablauf der Geschichte sieht er ein Wirken Fortunas.

5 Ad ultimum salūberrimās et coalēscentis condiciōnēs pācis, quās et Caesar iūstissimō animō pōstulābat et Pompēius aequō recipiēbat, discussit ac rūpit, ūnicē cavente Cicerōne concordiae pūblicae. Hārum praeteritārumque rērum ōrdō cum iūstīs aliōrum volūminibus prōmātur, tum, utī spērō, nostrīs explicābitur.

5 Er hat zuletzt die überaus heilsamen Bedingungen eines sich anbahnenden Friedens, die Caesar mit seinem ausgeprägten Sinn für Gerechtigkeit stellte und die Pompeius mit einem Sinn für das Angemessene akzeptierte, auseinandergeworfen und zerbrochen, obwohl sich Cicero in einzigartiger Weise um die Eintracht des Staates bemühte. Die Abfolge dieser und davorliegender Ereignisse soll sowohl in objektiven Büchern anderer Autoren ans Tageslicht gebracht als auch, wie ich hoffe, in unseren dargestellt werden.

6 Nunc prōpositō operī sua fōrma reddātur, sī prius grātulātus erō Q. Catulō, duōbus Lūcullīs Metellōque et Hortēnsiō, quī, cum sine invidiā in rē pūblicā flōruissent ēminuissentque sine perīculō, quiētā aut certē nōn pracipitātā fātālī ante initium bellōrum cīvīlium morte fūnctī sunt.

6 Jetzt soll dem geplanten Werk seine Gestalt gegeben werden, nachdem ich erst noch Q. Catulus, den beiden Luculli, Metellus und Hortensius dazu gratuliert habe, dass sie, ohne verhasst zu sein, im Staate angesehen waren, herausragten, ohne in Gefahr zu kommen, und dann einen ruhigen oder jedenfalls nicht jähen, vom Schicksal bestimmten Tod vor Beginn des Bürgerkriegs gestorben sind.

Velleius Paterculus, Historia Romana 2,49,1–4

1 Lentulō et Mārcellō cōnsulibus post urbem conditam annīs DCCIII ante annōs LXXVIII, quam tū, M. Vinicī, cōnsulātum inīrēs, bellum cīvīle exārsit. Alterīus ducis causa melior vidēbātur, alterīus erat fīrmior

1 Im Konsulatsjahr des Lentulus und des Marcellus – 703 nach der Stadtgründung, 78 Jahre, bevor du, M. Vinicius, das Konsulat antratest, – entbrannte der Bürgerkrieg. Des einen Führers Sache schien die bessere, die des anderen war sicherer.

2 Hīc omnia speciōsa, illīc valentia. Pompēium senātūs auctōritās, Caesarem mīlitum armāvit fīdūcia. Cōnsulēs senātusque causae, nōn Pompēiō summam imperiī dētulērunt.

2 Da war alles schöner Schein, dort alles kraftvolles Sein. Pompeius gab der Einfluss des Senats die Bewaffnung, Caesar die Treue der Soldaten. Die Konsuln und der Senat übertrugen der Sache, nicht dem Pompeius den Oberbefehl.

3 Nihil relictum ā Caesare, quod servandae pācis causā temptārī posset, nihil receptum ā Pompēiānīs, cum alter cōnsulum iūstō esset ferōcior, Lentulus vērō salvā rē pūblicā salvus esse non posset, M. autem Cato moriendum ante, quam ūllam condiciōnem cīvis accipiendam rēī pūblicae contenderet, vir antīquus et gravis Pompeī partēs laudāret magis, prūdēns sequerētur Caesaris et illa glōriōsa, haec terribiliōra dūceret.

4 Ut deinde sprētīs omnibus, quae Caesar pōstulāverat, tantummodo contentus cum ūnā legiōne titulum retinēre prōvinciae, prīvātus in urbem venīret et sē in petītiōne cōnsulātūs suffrāgiīs populī Rōmānī committeret, dēcrēvēre, ratus bellandum Caesar cum exercitū Rubicōnem trānsiit. Cn. Pompēius cōnsulēsque et maior pars senātūs relictā urbe ac deinde Ītaliā trānsmisēre Dyrrachium.

3 Nichts wurde von Caesar ausgelassen, was zur Bewahrung des Friedens versucht werden konnte, nichts wurde von den Pompeianern akzeptiert, da der eine Konsul sich heftiger, als gerechtfertigt, verhielt, erst recht Lentulus nicht wohlbehalten bleiben konnte, wenn der Staat wohlbehalten blieb, Marcus Cato sich aber darauf versteifte, der Staat müsse eher sterben, als auch nur eine Bedingung von einem Bürger akzeptieren. Ein Mann von alter Sitte und Würde hätte wohl mehr die Partei des Pompeius gelobt, ein vorausschauender Mann wäre wohl mehr der Caesars gefolgt und hätte die eine Seite für reicher an Ruhm, die andere für reicher an abschreckender Wirkung gehalten.

4 Als man schließlich alle Forderungen Caesars, der sich damit begnügte, mit nur einer Legion den Anspruch auf die Provinz zu behalten, zurückgewiesen und beschlossen hatte, er solle als Privatmann in die Stadt kommen und sich bei der Bewerbung um das Konsulat der Abstimmung des römischen Volkes anvertrauen, da entschied Caesar, der Krieg müsse geführt werden, und überschritt mit seinem Heer den Rubikon. Cn. Pompeius, die Konsuln und der größere Teil des Senats verließen die Hauptstadt und anschließend Italien und setzten nach Dyrrachium über.

Arbeitsaufträge zur Erschließung und Interpretation

1 a) Stellen Sie zusammen: Welche Elemente der Rubikonerzählung enthält der Bericht des Velleius Paterculus?
b) Zeigen und erläutern Sie: Wie hat er seine Darstellung angeordnet?
c) Interpretieren Sie: Warum hat Velleius Paterculus gerade diese Elemente ausgewählt und andere weggelassen?

2 a) Erschließen Sie: Worin sieht Velleius die Hauptursache für den Ausbruch des Bürgerkriegs?
b) Velleius (c. 48) zeigt nicht, warum sich Curio durchsetzte und nicht Cicero. Nehmen Sie Stellung: Was lässt sich daraus für seine Art der Geschichtsschreibung folgern? Und:
c) Was interessiert Velleius demnach an Geschichte besonders?

3 Begründen Sie Ihre Antwort zu 2c) mit weiteren Belegen aus dem Text.

4 Arbeiten Sie heraus: a) Wo werden nicht zusammengehörige Ereignisse in einen einzigen langen Satz zusammengebracht? – b) Wo ist Zusammengehöriges getrennt, d. h. auf verschiedene Sätze verteilt? – c) Was kann man aus diesen Erscheinungen schließen?

5 a) Belegen und interpretieren Sie die folgenden Satz- und Gedankenfiguren im Text: Grundwissen Nr. 1, 6, 12, 13, 14 a, 16.

b) Interpretieren Sie: Welche inhaltlichen Einzelheiten werden durch die stilistische Gestaltung jeweils hervorgehoben und wie eng hängen diese mit dem Ablauf des historischen Geschehens zusammen?

6 Untersuchen Sie: Wie macht sich die eigene Zeit des Velleius in der Darstellung bemerkbar?

7 Untersuchen Sie: Wie kommen die in der Information auf S. 31 dargestellten Fakten in Text 2.5 zur Sprache?

8 (*Projektarbeit*) Vergleichen Sie zwei poetische Darstellungen des Rubikon-Übergangs mit den bisher gelesenen Darstellungen. Gehen Sie dabei vor, wie in Arbeitsauftrag 1 und 6.

Antike Autoren zum Übergang über den Rubikon

Lucan: Marcus Annaeus Lucanus (39 – 65 n. Chr.) lebte zur Zeit Neros und musste wegen seiner Beteiligung an einer Verschwörung auf Befehl Neros Selbstmord begehen. Er schrieb ein berühmtes Epos B*ellum civile*, das auch unter dem Namen *Pharsalia* bekannt ist (nach der Schlacht von Pharsalos in Nordgriechenland am 9. August 48 v. Chr., in der Caesar Pompeius und die ihm vom Senat zur Verfügung gestellten Legionen besiegte). Das Epos stellt Geschichte als Kampf von Fatum (Schicksal) und Fortuna (Glück) dar. Caesar erscheint als Vertreter des Unrechts, der vom Glück und den Göttern begünstigt wird, und als Ahnherr anderer unrechtlicher Herrscher. Anders als sonst in antiken Epen haben die Götter keinen Einfluss auf das Geschehen. Lucan schildert in Buch I seines Epos den Rubikonübergang zweimal hintereinander, erst als Auseinandersetzung Caesars mit der klagenden Stadtgöttin Roma (1,183 – 212), danach als entschiedene Überquerung eines gerade Hochwasser führenden reißenden Flusses (1,213 – 227).
Text mit Übersetzung z. B.: Lucanus, Bellum civile. Der Bürgerkrieg. Herausgegeben und übersetzt von W. Ehlers, München 2. Aufl. 1978

Petron: Gaius Petronius Arbiter lebte ebenfalls zur Zeit Neros, war erst Mitglied von Neros Hofstaat, fiel aber in Ungnade und beging 66 n. Chr. Selbstmord. Er zeigte dabei seine Gelassenheit, indem er sich die Pulsadern aufschneiden, aber mehrmals wieder verbinden ließ, um den Tod langsamer zu machen.
In dem satirischen Roman *Satyrica* erleben zwei junge, lernbegierige Männer namens Encolpius und Ascyltos, der „Lustknabe" Giton und der Rhetoriklehrer Agamemnon, vielerlei Abenteuer. Sie treffen den Dichter Eumolpus. Dieser trägt ihnen seine Meinung darüber vor, wie man ein Epos, zum Beispiel über den Bürgerkrieg, dichten müsse (Petron, *Satyrica* 118 – 124). Ganz deutlich nimmt hier der lange am Hofe Neros einflussreiche Petron auf den Konkurrenten Lukan Bezug.
Text mit Übersetzung z. B.: Petronius, Satyrica – Schelmengeschichten. Lateinisch-deutsch von K. Müller und W. Ehlers, München 1965

Clementia Caesaris und Dominatio Caesaris 3

3.1 Clementia Caesaris – Caesars Verhalten im Bürgerkrieg

Caesar hat den Rubikon überschritten und erobert die etrurischen Städte. Pompeius hat Rom am 17. Januar 49 verlassen. Er will nach Brundisium (Brindisi) in Süditalien am Adriatischen Meer, wo er Truppen stehen hat, und kommt dort am 25. Februar an. Die meisten Senatoren haben ebenfalls Rom verlassen: Wer dort blieb, galt als Anhänger Caesars. Caesar umzingelt ab dem 15. Februar die Stadt Corfinium (in der heutigen Provinz L'Aquila, Abruzzen). Diese stand eigentlich auf der Seite des Pompeius. Nun verhandelt sie mit Caesar über die Übergabe an ihn. Caesar lässt eine Nacht verstreichen. Den weiteren Ablauf am 21. Februar schildert er folgendermaßen:

Caesar, Bellum civile 1,23

1 Caesar, ubī lūxit, omnēs senātōrēs senātōrumque līberōs, tribūnōs militum equitēsque Rōmānōs ad sē prōdūcī iubet.

2 Erant quīnque senātōriī ōrdinis, L. Domitius, P. Lentulus Spinther, L. Caecilius Rūfus, Sex. Quīntilius Vārus quaestor, L. Rubrius, praetereā fīlius Domitī aliīque complūrēs adulēscentēs et magnus numerus equitum Rōmānōrum et decuriōnum, quōs ex mūnicipiīs Domitius ēvocāverat.

3 Hōs omnēs productōs a contumēliīs militum convīciīsque prohibet; pauca apud eōs loquitur[1], quod sibī[2] ā parte eōrum grātia relāta nōn sit prō suīs in eōs maximīs beneficiīs[3]; dīmittit omnēs incolumēs.

4 HS LX, quod advēxerat Domitius atque in pūblicō dēposuerat, allātum ad sē ab IIIIvirīs Corfīniēnsibus Domitiō reddit, ne continentior in vītā hominum quam in pecūniā fuisse videātur, etsī[4] eam pecūniam pūblicam esse cōnstābat datamque ā Pompēiō in stipendium.

lūcet, *Perf.*: **lūxit** es wird hell, der Tag bricht an
tribūnus mīlitum, tribūnī mīlitum *m.* Militärtribun
eques, equitis *m.* Ritter → *Information, S. 46 f.*

senātōrius ōrdō, senātōriī ōrdinis *m.* Senatorenrang, Senatorenstand → *Information, S. 47 f.*
quaestor, -ōris *m.* Quaestor → *Information, S. 47 f.*
decuriō, -ōnis *m.* Decurio, *Führer einer Hundertschaft in einer Legion*

mūnicipium, -ī *n.* *(befestigte)* Landstadt, Kleinstadt
ēvocāre, ēvocō herbeirufen, zu sich kommen lassen *und so für den Militärdienst reaktivieren*
prōdūcere, -dūcō, -dūxī, -ductum hervorholen, vorführen
contumēlia, -ae *f.* Beschimpfung, Ehrenkränkung
convīcium, -ī *n.* lauter Vorwurf, Beschimpfung
prohibēre ā *hier:* schützen gegen, bewahren vor
grātia, grātiam referre, beneficia → *Information, S. 46 f.*
dīmittere entlassen, wegschicken
incolumis, -e unversehrt, ohne Schaden
HS LX: sexāgiēs mīlle sestertium = 60 x 1000 = 6 Millionen Sesterzen *(Kaufwert heute: ca. 600.000 Euro)*
mīlle *Neutrum Singular*
advehere, -vehō, -vēxī herbeischaffen
Domitius → *§2, Information, S. 47 (linke Spalte)*
in pūblicō dēpōnere, -pōnō, -posuī in der Staatskasse deponieren
ad sē zu ihm, *verweist auf das Satzsubjekt Caesar*
IIIIvirī, -ōrum *m.* Quattuórviri, Viermännerkollegium
Corfīniēnsis, -e corfinisch, aus Corfinium
continēns, -entis maßvoll, zurückhaltend
vidērī gesehen werden, **videor** es sieht so aus, als ob ich
pūblicus, -a, -um staatlich
cōnstat, cōnstitit es steht fest
stipendium, -ī *n.* Sold, Bezahlung der Truppen

5 Mīlitēs Domitiānōs sacrāmentum apud sē dīcere iubet atque eō diē castra movet iūstumque iter cōnficit – VII omnīnō diēs ad Corfinium commorātus – et per fīnēs Marrūcīnōrum, Frentanōrum, Lārīnātium in Apūliam pervenit.

mīlitēs Domitiānī die Soldaten des Domitius (→ § 2)
sacrāmentum dīcere, dīcō einen Eid schwören
castra movēre aufbrechen („das Lager verschieben")
iūstus, -a, -um gerecht, angemessen, normal
iter, itineris *n.* Tagesmarsch *(etwa 25 km)*
Marrūcini, Frentani, Lārīnātēs, Apūlia → *Information, S. 47.*

---

1 pauca … loquitur, quod … *Der* **quod**-*Satz erläutert* **pauca:** nämlich dass… – **2 sibī:** *rückbezüglich auf* **Caesar loquitur:** ihm – **3 in eōs** *ist zwischen* **suīs** *und* **beneficiīs** *gestellt, damit deutlich wird, dass es hier als Attribut verwendet wird:* für seine ihnen erwiesenen Leistungen, für seine Leistungen ihnen gegenüber – **4 etsī:** wenn auch. *Der* **etsi**-*Satz hängt vom Hauptsatz ab (ist also auf* **reddit** *bezogen), steht aber betont am Schluss.*

Arbeitsaufträge zur interpretierenden Texterschließung

1 Schreiben Sie den lateinischen Texte heraus oder kopieren Sie ihn (Kopierlaubnis liegt vor). Unterstreichen Sie sodann im lateinischen Text alle Verbalinformationen und kennzeichnen Sie sie als bezogen (B) oder selbstständig (S) formuliert. Umrahmen Sie dazu auch alle unterordnenden Konnektoren. Vgl. dazu S. 91.

2 a) Stellen Sie die Prädikate der einzelnen Sätze zusammen und erläutern Sie das verwendete Tempus, um die Art der Darstellung zu schildern. → Grundwissen 5, Abschnitte und Elemente in Geschichtswerken und Epen: Nr. 1–3.
b) Erfassen Sie, wie die Sätze jeweils beginnen und einen thematischen Gesichtspunkt setzen.
c) Gliedern Sie das Kapitel entsprechend den verwendeten Tempora und den Satzanfängen.

3 Erstellen Sie zu § 4 eine Satzabbildung nach dem Einrücksystem (→ S. 92).

Arbeitsaufträge zur Interpretation

4 Stellen Sie zusammen: Wo stellt Caesar Informationen unverbunden nebeneinander (Asyndeton, St 4), wo verbunden (Polysyndeton, St 5). Interpretieren Sie: Welche Wirkung hat dies jeweils?

5 Interpretieren Sie: Warum erwähnt Caesar in § 2 die vielen Namen und warum nennt er einzelne Ämter der Personen?

6 a) Interpretieren Sie die stilistische Gestaltung des § 3. Berücksichtigen Sie Hendiadyoin (St 6) und Wortstellung.
b) Untersuchen und interpretieren Sie den Inhalt von § 3 nach dem System des Klientelwesens und mit Caesars *clementia*-Politik.

7 Untersuchen und erörtern Sie: Wie erscheinen Caesars Gegner Pompeius und dessen Feldherr Domitius in der Darstellung Caesars?

8 *Gruppenarbeit:* Vergleichen Sie Ziele und Charakter Caesars, wie sie sich aus Text 3.1 ergeben, mit den Zielen und Eindrücken von Caesars Charakter in den Texten 2.3–2.5. Erstellen Sie Charakter- oder Sympathiekurven zu Caesar.
Muster: Tragen Sie in einer Tabelle verschiedenen Eigenschaften Caesars ein und geben Sie an, wie stark sie Ihrer Ansicht nach sind. Setzen Sie ein entsprechendes x in die Spalten und verbinden Sie alle x-Markierungen mit einer Linie. Geben Sie zu jeder Wertung eine Begründung: z. B. a) aus einem der gelesenen Texte (mit Stellenangabe und Zitat), b) aus Ihrer sonstigen Lektüre oder aus Ihren Geschichtskenntnissen, c) aus Ihrer inneren Einstellung zu bestimmten Fakten und Verhaltensweisen. Vergleichen Sie die Wertungskurven mit denen Ihrer Lerngruppe. Diskutieren Sie Ihre eigenen und andere Wertungen.

	stark	mittel	wenig	gar nicht
grausam				
mild				
auf Eindruck bedacht				
rücksichtslos				
machtbewusst				
umgänglich				
intelligent planend / zielbewusst				
nach Zufall und Stimmung handelnd				

Namen und Ämter (§ 2)

Caesar nennt Stand, Amt und den genauen Familiennamen der von ihm Geschonten und mild Behandelten. Sie alle gehörten Familien an, die in Rom ihren Hauptsitz hatten und dort bekannt und geachtet waren: Lūcius Domitius (Senator, Führer des Heeres, das bei Corfinium gegen Caesar kämpfte), Pūblius Lentulus Spinther, Lūcius Caecilius Rūfus, Sextus Quīntilius Varus quaestor, Lūcius Rubrius, praetereā fīlius Domitī aliīque complūrēs adulēscentēs et magnus numerus equitum Rōmānōrum et decuriōnum.
quaestor: Quaestor, römischer Beamter, für die Finanzverwaltung zuständig; vor Caesars Machtübernahme gab es in Rom 20 Quaestoren, danach 40.
adulēscentes: junge Leute aus adligen oder einflussreichen plebeischen Familien verbrachten die Zeit zwischen dem 18. und 21. Lebensjahr sehr oft in Provinzen und kleineren Städten als Adjutanten von Provinzstatthaltern, in deren Verwaltung oder Heer, als Beamte auf ihrem ersten Posten. So sollten sie auf die Übernahme wichtiger Funktionen in Rom vorbereitet werden.
Völker und Orte (§ 5): Marrūcīnī, -ōrum: Marrukiner, *Volk an der Adria in der Gegend des heutigen Chieti.* – **Frentanī, -ōrum:** Frentaner, *Volk an der Adria im südlichen Mittelitalien.* – **Lārinātēs, -ium:** Larinaten, *Volk an der Adria in Süditalien.* – **Apūlia, ae:** Apulien, *Gebiet in Unteritalien (heute: Puglia).* – Caesar verlässt Corfinium am 22. Februar und erreicht **Brundisium** am 9. März 49.

clēmentia Caesaris: Caesars Milde
Caesars Methode war außen- wie innenpolitisch die Politik des Verzeihens und der Milde. Völkern in Gallien wurde ihr Widerstand gegen Rom „verziehen", wenn sie nur bereit waren, mit Rom zusammenzuarbeiten und sich in einen Vertrag mit Rom zu begeben. Dieser machte solche Völker meist zu Klienten Roms. Nach seiner Machtergreifung im Jahr 49 versuchte Caesar, seine früheren innenpolitischen Gegner zu versöhnen. Er ging in der Regel nicht gegen sie vor, sondern wollte sie zur Mitarbeit bei seinen Reformen bewegen.
Das römische Klientelwesen (Clientēla)
Es gliederte die römische Gesellschaft in drei gesellschaftliche Gruppen:
Nōbilēs, -um *m.:* Adel, Adlige; Patrizier: die Angehörigen der Familien, die angeblich zusammen mit Romulus Rom gründeten, und die beratenden Väter, *patrēs*, in seinem Beratungsgremium bildeten sozusagen den „Ursenat". Die *Nōbilēs* verfügten über beträchtlichen Grundbesitz.
Plēbs, plēbis *f.:* Plebs; Angehörige der Familien, die später nach Rom kamen als die *patrēs*. Darunter waren auch reiche Familien mit Sitz im Senat, aber die Mehrzahl war ärmer oder arm geworden.
Equitēs, -um *m.:* Ritter. Ein Ritter war eigentlich Besitzer eines Pferdes, das für staatliche Aufgaben eingesetzt wurde (bes. im Krieg); sodann: eine Person mit mindestens 400.000 Sesterzen Vermögen. Die Ritter stammten oft aus den Landstädten (*mūnicipia*). Seit 219

waren Senatoren Handelsgeschäfte gesetzlich verboten und wurden zur Domäne der Ritter. Seit 129 wurde unterschieden zwischen Rittern, die Handel trieben, und Rittern, die im Senat saßen. Letztere bildeten sich als Ritterstand heraus *(ōrdō equester)*, betrieben aber keine eigene Politik, sondern folgten den Patriziern.

Clientēla (Klientelwesen): Den Familien der Nobilität waren die der Plebs durch *clientēla* verbunden. Die Nobilitätsfamilie übernahm die rechtliche Vertretung und finanzielle Unterstützung der plebeischen Familie, war also deren Patron (*patrōnus*, Schutzherr); die zugeordneten Mitglieder anderer Schichten waren die Klienten (*clientēs*, Abhängige). Leistungen der Patrone hießen *beneficia* (freiwillige Leistungen). Dafür half die plebeische Familie der Nobilitätsfamilie, vor allem in Form von politischer Gefolgschaft: In den plebeischen Volksversammlungen wählten sie ihre *patrōnī* in Ämter. Leistungen der Klienten hießen *officia* (Gegenleistungen). Das gegenseitige Verhältnis wird durch zwei Begriffe gekennzeichnet: *fidēs* (Verlässlichkeit des Patrons, Treue des Klienten) und *grātia* (Gunst des Patrons, Ansehen, das er durch seine Leistungen beim Klienten hat, Dank, den der Klient abstattet). *Fidēs* und *grātia* bezeichnen also eine wechselseitige Beziehung, das reziproke Verhältnis von Patron und Klient. Entsprechend sind die beiden Ausdrücke auf mehrere Arten übersetzbar.

Grātiam referre: den geschuldeten Dank abstatten. Das geschilderte Solidaritätsverhalten bestand zwischen Familien der Oberschicht und der Unterschicht, nicht aber zwischen Familien der gleichen Schicht („vertikale Solidarität"). Allerdings durchdrang das Klientel-Denken alle Bereiche. Für Leistungen konnte man ein entsprechendes Verhalten und Gegenleistungen erwarten: der Einzelne von jedem anderen; die Römer von anderen Völkern; der Befolger religiöser Pflichten von den Göttern.

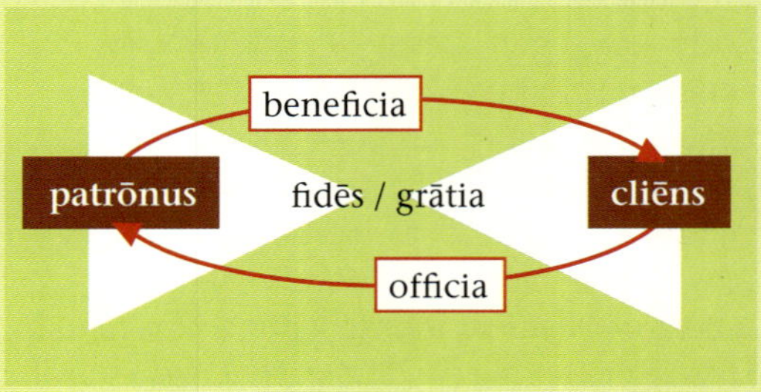

LERNWORTSCHATZ

(Caesar, *BC* 1,23)

tribūnus mīlitum, tribūnī militum *m.*	Militärtribun
eques, equitis *m.*	Ritter
senātōrius ōrdō, senātōriī ōrdinis *m.*	Senatorenrang, Senatorenstand
quaestor, -ōris *m.*	Quaestor, römischer Beamter *(zuständig für Finanzverwaltung; unter Caesar gab es in Rom 40 Quaestoren)*
mūnicipium, -i *n.*	(befestigte) Landstadt, Kleinstadt
prōdūcere, -dūcō, -dūxī, -ductum	hervorholen, vorführen
dīmittere, -mittō, -mīsī, -missum	entlassen, wegschicken
incolumis, -e	unversehrt, ohne Schaden
continēns, -entis	maßvoll, zurückhaltend
vidērī	gesehen werden, den Anschein haben
videor	es sieht so aus, als ob ich; ich glaube
etsī	wenn auch
cōnstat, cōnstitit	es steht fest

3.2 Ciceros Urteil über Pompeius und Caesar im Jahre 49 v. Chr.

Pompeius

Caesar

Cicero hat sich aus Rom auf sein Landgut in Formiae zurückgezogen. Am 27. Februar 49 schreibt er seinem Freund Atticus eine Beurteilung der Lage. Er ist zwar bestürzt über den Bürgerkrieg, tröstet sich aber damit, dass es zur Zeit keine Lösung gibt. Er will auch seiner Lehre treu bleiben, die er in *De re publica* (Der Staat, etwa zwischen 54 und 52 v. Chr.) geschrieben hat: Dort vergleicht er die Aufgabe des Staatsmanns *(moderātor reī pūblicae)* mit der des Steuermanns eines Schiffes *(gubernātor)* und mit der eines Arztes *(medicus)*:

Cicero, ad Atticum 8,11,1: Der ideale Staatsmann

1 Ut enim gubernātōrī cursus secundus, medicō salūs, imperātōrī victōria, sīc huic[1] moderātōrī reī pūblicae beāta cīvium vīta prōposita est, ut opibus firma, cōpiīs locuplēs, glōriā ampla, virtūte honesta sit; huius enim operis maximī inter hominēs atque optimī illum esse perfectōrem volō.

gubernātor, -ōris *m.* Lenker, Steuermann
medicus, -ī *m.* Arzt
moderātor, -ōris *m.* Lenker
prōpōnere, -pōnō, -posuī, -positum als Ziel vor Augen stellen
opēs, -um *f.* Machtmittel (wie Geld und Truppen)
cōpiae, -ārum *f.* Vorräte, wirtschaftliche Ressourcen
locuplēs, -ētis reich, wohlhabend
amplus, -a, -um bedeutend, angesehen
honestus, -a, -um ehrenvoll, lebenswert, erfolgreich
perfector, -ōris *m.* Vollender, Bewirker

1 huic dem von mir beschriebenen

Dem hält Cicero die Realität der Gegenwart am Beispiel von Pompeius und Caesar entgegen:

Cicero, ad Atticum 8,11,2: Die Realität der Gegenwart

2 Hoc Gnaeus noster cum anteā numquam tum in hāc causā minimē cōgitāvit. Dominātiō quaesīta ab utrōque[1] est, nōn id āctum, beāta et honesta cīvitās ut esset. Nec vērō ille urbem relīquit, quod eam tuērī nōn posset, nec Ītaliam, quod eā pelleretur; sed hoc ā prīmō cōgitāvit: omnīs terrās, omnia maria movēre, rēgēs barbarōs incitāre, gentīs ferās in Ītaliam armātās addūcere, exercitūs cōnficere maximōs.

Gnaeus noster unser Gnaeus *(gemeint ist Pompeius)*
cum … tum … minimē sowohl … als auch besonders … in geringstem Ausmaß = sowohl … und erst recht nicht …
causa, -ae *f.* Sache, Angelegenheit
dominātiō, -ōnis *f.* (Allein-, Gewalt-)Herrschaft, → *Information S. 51*
id agere, ut darauf hinarbeiten, dass
nec vērō und erst recht nicht
tuērī, túeor, tuitus sum schützen
eā *(Abl. separativus, „der Trennung")* meint *Ītalia*
ā prīmō von Anfang an
bárbarus, -a, -um barbarisch, Barbar; unzivilisiert; → *Information S. 51*
exercitūs maximī sehr große Heere, → *Information, S. 51*
armātus, -a, -um bewaffnet, in Waffen
cōnficere, -ficiō, -fēcī, -fectum *hier* aufstellen
genus illud Sullānī rēgnī jene (bekannte oder berüchtigte) Form der Sullanischen Herrschaft. → *Information, S. 51*

1 ab utrōque von beiden *(Pompeius und Caesar)*

Genus illud Sullānī rēgnī iam prīdem appetitur, multīs, quī ūnā sunt, cupientibus[2]. An cēnsēs nihil inter eōs convenīre, nūllam pactiōnem fierī potuisse[3]? Hodiē potest. Sed neutrī *skopós* est ille, ut nōs beātī sīmus; uterque rēgnāre vult.

convenit inter eōs es kommt zwischen ihnen zu einer Übereinkunft
pactiō, -ōnis *f.* Vertragsschluss
neuter, Gen. neutrīus, *Dat.* **neutrī** keiner von beiden
skopós *(griech.)* Ziel
rēgnāre König, Herrscher sein
iam pridem *Adv.* schon lange
appetere, áppetō, appetīvī, appetītum anstreben, begehren
ūnā esse zusammen sein, auf seiner Seite stehen
an oder *(leitet rhetorische Fragen ein)*

2 multīs … cupientibus *betont nachgestellter („pointierter") Abl. abs. (Abl. + Prädikativum), deswegen als nachgestellter Hauptsatz übersetzbar* … und viele, die auf seiner Seite stehen, sehnen das herbei – **3 potuisse** *übersetze als Irrealis:* hätte … können

Arbeitsaufträge zur interpretierenden Texterschließung

1 Stellen Sie in § 1 alle Ausdrücke und Informationen zur *beata civium vita* zusammen.
2 Lesen Sie den Text in § 2 durch und stellen Sie zusammen:
a) Ausdrücke, die für Caesar und Pompeius gewählt werden.
b) Informationen zu den Zielen Caesars und des Pompeius.

Vorschlag zu den Arbeitsaufträgen 1–2:

Der ideale Politiker – und Pompeius und Caesar			
	Person	**Ziel, Taten, lateinisch**	**deutsch**
Ciceros Vorstellungen	illius viri moderatorem rei publicae		
	huic moderatori rei publicae		
aktuelle Gegenwart	Cn. noster Pompeius		
	ab utroque, neutri, uterque *(= Pompeius und Caesar)*		

Arbeitsaufträge zur Interpretation

3 Diskutieren Sie: Warum zitiert Cicero im Jahr 49 eine Forderung, die er in seinem eigenen Werk *De re publica* (5,8) mehrere Jahre früher erhoben hat?
4 Erörtern Sie die von Cicero genannten Elemente eines glücklichen Lebens (*vīta beāta*) der Bürger: (a) *opibus fīrma*, (b) *cōpiīs locuplēs*, (c) *glōriā ampla*, (d) *virtūte honesta*: Welchen Wert hatten sie für Römer, welche Bedeutung haben sie heute? → Information S. 51
5 Paraphrasieren und interpretieren Sie Ciceros Denkweise, Argumentation und Stimmung, indem Sie untersuchen:
a) in § 1: die Rolle des Vergleichs;
b) in § 2: überraschende Attribute; Wiederholung eines Gedankens hintereinander (Epimone: Grundwissen, St 15) oder verteilt auf den Text; Voranstellung von Ausdrücken vor die unterordnende Konjunktion (Prolepsis, „Vorwegnahme"); Anapher (St 9); doppelte Verneinung; Hyperbaton (St 13); Parallelismus (St 11); rhetorische Frage (St 17).
6 Erörtern Sie: Wer soll bestimmen, wie das glückliche Leben der Bürger aussieht?

Erwähnte Eigenschaften, Tugenden, Lebensziele

fīrmus, -a, -um gesichert – **beātus, -a, -um** *in jedem Sinne* glück ich und gesegnet
locuplēs, -ētis reich – **amplus, -a, -um** weiträumig, umfangreich
honestus, -a, -um zum Ziel des Lebens führend; *moralisch:* ehrenhaft, verantwortbar; *politisch:* angesehen, belohnt *mit Ehrenämtern (wie Konsulat) und Ehrenbezeigungen (wie Triumphzug)*
- finanzielle Sicherung: **opēs, -um** *f.* Machtmittel *wie* Geld und Truppen
- wirtschaftliche Sicherheit: **cōpiae, -ārum** *f.* Truppen, Vorräte, Ressourcen *(Vorratshaltung, wirtschaftliche Bezugsquellen, ständig zur Verfügung stehende Mittel)*
- Anerkennung: **glōria, -ae** *f.* Ruhm, Ehre *(öffentlich bestätigt durch Triumphzüge, Ämter u.a.)*
- Selbstverwirklichung: **virtūs, -ūtis** *f.* Einsatz für den Staat, Tatkraft, Leistung
- Maßstab und Orientierung: *das lateinische Wort* **fīnis** *betrachtet als Ziel ein erreichtes oder erreichbares Ende von Aktionen; das griechische Wort* **skopós** (vom Verb **sképtomai:** betrachten, im Auge haben) *bezeichnet Ziele, die vielleicht nie ganz erreichbar, jedoch stets im Blick sind.*

  Vertrauen des Senats: Pompeius bekam immer wieder vom Senat die Aushebung von Heeren **exercitūs maximi** genehmigt für Feldzüge, die Vernichtung der Seeräuber im Mittelmeer.

Erwähnte negative Haltungen und Beispiele

dominātiō, -ōnis *f.:* (Allein-, Gewalt-)Herrschaft (*eines Tyrannen*)
bárbarus, -a, -um: barbarisch, Barbaren-; unzivilisiert; *Pompeius hatte früher in Asien verschiedene Länder durch Anerkennung ihrer Führer als Könige zu Verbündeten gewonnen. Cicero übertreibt hier.*
genus illud Sullānī rēgnī: jene (bekannte oder berüchtigte) Form der Sullanischen Herrschaft. *Sulla war in den Jahren 82–79 gewählter Diktator (→ Grundwissen 3 Dictātor) und führte mit dem Mittel der Proskriptionen (öffentliche Ächtung von Regimegegnern, verbunden mit Vermögensentzug, Vertreibung oder Hinrichtung) ein Schreckensregiment.*

LERNWORTSCHATZ

(Cicero, *ad Atticum* 8,11,2)

cursus secundus, cursūs secundī *m.*	günstige Fahrt (*da der Wind folgt:* secundus *von* sequī)
prōpōnere, -pōnō, -posuī, -positum	als Ziel vor Augen stellen
opēs, -um *f.*	Machtmittel *wie* Geld *und* Truppen
amplus, -a, -um	bedeutend, angesehen
honestus, -a, -um	ehrenvoll, lebenswert, erfolgreich
causa, -ae *f.*	Sache, Angelegenheit
tuērī, túeor, tuitus sum	schützen
bárbarus, -a, -um	barbarisch, Barbaren-; unzivilisiert
armātus, -a, -um	bewaffnet, in Waffen
cōnficere, -ficiō, -fēcī, -fectum	zustande bringen, aufstellen
iam pridem *Adv.*	schon lange
appetere, áppetō, appetīvī, appetītum	anstreben, begehren
an	oder

3.3 Clementia – die neue Art zu siegen: Caesar erklärt seine Politik

Einen Brief Caesars an Oppius und Cornelius vom 5. März 49 hat Balbus am 10. März Cicero in einer Abschrift geschickt. Cicero legt diesen Brief Caesars seinem Brief an Atticus vom 13. März als Anlage bei. Er will damit zeigen, dass er sich längst um ein gutes Verhältnis zu Caesar wie auch zu Pompeius bemüht, ohne einem von ihnen vor den Kopf zu stoßen. Oppius und Cornelius leiten Caesars Büro in Rom und hatten Caesar wohl den Rat gegeben, sich mit Pompeius auszusöhnen.

Cicero, ad Atticum 9,7 C

CAESAR OPPIO CORNELIO SAL.

1 Gaudeō mēhercule / vōs sīgnificāre litterīs,/ quam valdē probētis ea, quae apud Corfīnium sunt gesta. Cōnsiliō vestrō ūtar libenter et hōc libentius, quod meā sponte facere cōnstitueram, / ut quam lēnissimum[1] mē praebērem et Pompēium[2] darem operam ut reconciliārem.
Temptēmus hōc modō, sī possimus omnium voluntātēs recuperāre et diūturnā victōriā ūtī, quoniam reliquī[3] crūdēlitāte odium effugere nōn potuērunt neque victōriam diūtius tenēre praeter ūnum[4] L. Sullam, quem imitātūrus nōn sum.
Haec nova sit ratiō vincendī, ut misericordiā et līberālitāte nōs mūniāmus.
Id quem ad modum fierī possit, nōn nūlla mihī in mentem veniunt et multa reperīrī possunt. Dē hīs rēbus rogō vōs, ut cōgitātiōnem suscipiātis.

sal. = **salūtem dīcit** (er) grüßt
mēhercule beim Herkules! *(volkstümlicher Held)*
sīgnificāre zu verstehen geben
probāre gut finden, gutheißen, billigen
gerī, geritur, gestum est geschehen
ūtar *von* **ūtī**
libenter, libentius, libentissimē *Adv.* gern, lieber, am liebsten
hōc *(Abl. mensurae)* umso
mea sponte aus (meinem) eigenem Antrieb, freiwillig
sē praebēre, mē praebeō sich zeigen, erweisen
operam dare, ut sich bemühen, darauf hinarbeiten, dass
reconciliāre versöhnen, zum Verbündeten gewinnen
voluntās, -ātis *f.* Zuneigung
recuperāre (wieder)gewinnen
diūturnus, -a, -um dauerhaft, ewig, lange während
quoniam da ja
crūdēlitās, -ātis *f.* Grausamkeit
diūtius *Adv.* länger(e Zeit)
imitārī, imitor, imitātūs sum nachahmen
haec *bezogen auf* **ratiō**, *deutsch:* das
misericordia, -ae *f.* Mitleid, Erbarmen
līberālitās, -ātis *f.* Großzügigkeit
mūnīre befestigen, sichern, schützen
quem ad modum wie
nōn nūlla = **nōnnūlla** (so) manches
in mentem venīre ins Gedächtnis kommen, einfallen
cōgitātiōnem suscipere dē das Nachdenken aufnehmen über, sich etw. durch den Kopf gehen lassen
reperīre finden *(nach Suchen und Forschen)*

1 **quam lēnissimum** so mild wie möglich – 2 **Pompēium** *ist Objekt zu* **reconciliārem**, *steht aber betont als Ziel der Mühe vor* **dare operam** – 3 **reliquī** meint alle anderen Sieger in Bürgerkriegen – 4 **ūnum** als einzigem

2 N. Magium, Pompeī praefectum, dēprehendī. Scīlicet meō īnstitūtō ūsus sum et eum statim missum fēcī. Iam duo praefectī fabrum Pompeī in meam potestātem vēnērunt et ā mē missī sunt. Sī volent grātī esse, debēbunt Pompēium hortārī, ut mālit mihī esse amīcus quam iīs, quī et illī et mihī semper fuērunt inimīcissimī, quōrum artificiīs effectum est, ut rēs pūblica in hunc statum pervenīret.

2 Numerius Magius, einen Adjutanten des Pompeius, habe ich in meine Hände bekommen. Natürlich habe ich mein Verfahren angewendet und ihn sofort laufen lassen. Schon zwei andere Pionierführer des Pompeius sind in meine Gewalt gekommen und von mir laufen gelassen worden. Wenn sie ihren Dank zeigen wollen, sind sie moralisch verpflichtet, Pompeius aufzufordern, dass er lieber mir freundschaftlich gesinnt ist als den Leuten, die er und ich immer als erbitterte Feinde hatten und durch deren Machenschaften es dazu gekommen ist, dass der Staat in diesen Zustand gelangt ist.

Arbeitsauftrag zur interpretierenden Texterschließung

1 Lesen Sie § 1 durch und gliedern Sie dabei die Sätze in Kola (→ S. 91). Stellen Sie dabei zusammen:
a) Ausdrücke für Freude und Zustimmung, für Versöhnlichkeit und Härte;
b) verwendete Tempora und Modi (Aussagen und Wünsche);
c) verwendete Personalendungen (Sprecher, Angesprochene, von Caesar benannte Personen).

Tempel der Clementia auf einer nach Caesars Tod ausgegebenen Münze

Arbeitsaufträge zur Interpretation

2 Erklären Sie den Zusammenhang zwischen § 1 und § 2.
3 Erläutern Sie den Stil des Briefes mit Belegen.
4 Erschließen Sie Charakter und Ziele Caesars. (Dabei können Sie gemäß Arbeitsauftrag 8 zu Text 3.1 verfahren und Charakterkurven erstellen.) Berücksichtigen Sie die Information zu clientēla S 48.
5 Untersuchen Sie: Welches Caesarbild vermittelt dieser Text? Vgl. dazu auch S. 6 und S. 49.
6 Vergleichen Sie Ihre Interpretation der Texte von und über Caesar mit der Information S. 54. Begründen Sie Ihre Zustimmung, Ablehnung oder abweichende Meinung.
7 a) Römer verehrten Haltungen als Göttinnen und Herrscher bauten für sie Tempel, zum Beispiel Caesar 44 v. Chr. noch vor seinem Tod für die Clementia Caesaris, spätere Herrscher für Concordia, Fortuna, Felicitas. Erörtern Sie, welchem Ziel der Bau des Tempels der Clementia Caesaris diente.
b) Abb. oben: Münzen trugen das Bild und das Programm von Herrschern in das ganze römische Reich. Untersuchen Sie, welchem Ziel die Prägung einer Münze mit dem Bild Caesars und dem Tempel der Clementia nach Caesars Tod diente, als Antonius und Octavius (der spätere Augustus) gegen die Caesarmörder kämpften.

clementia Corfiniensis

„Die clementia Corfiniensis, „die Milde von Corfinium", wurde zum geflügelten Wort. Caesar war seinen Gegnern nicht nur als Militär überlegen, sondern auch als Selbstdarsteller. „Du kennst mich ja auch gut genug", schrieb er voll Genugtuung über sich an Cicero, „nichts liegt mir ferner als Grausamkeit. Schon das Geschehnis an sich [Die Milde von Corfinium] gibt mir große Befriedigung; dass aber meine Maßnahmen nun auch Deinen Beifall finden, darüber bin ich außer mir vor Freude. Die, die ich habe laufen lassen, haben sich allerdings, wie es heißt, davongemacht, um weiter gegen mich zu kämpfen. Aber das ficht mich nicht an; ist es doch mein herzlichster Wunsch, dass ich mir treu bleibe und sie sich."

Wolfgang Will: Veni, vidi, vici. Caesar und die Kunst der Selbstdarstellung, Darmstadt 2008, S. 86f.

Corfinum, antike Mauerreste

LERNWORTSCHATZ

(Cicero, ad Atticum 9,7 C)

probāre, probō, probāvi, probātum	gut finden, billigen
gerī, geritur, gestum est	geschehen
libenter, libentius, libentissimē *Adv.*	gern, lieber, am liebsten / sehr gern
(mea) sponte	aus (meinem) eigenem Antrieb, freiwillig
sē praebēre, mē praebeō, mē praebuī	sich zeigen, sich erweisen
quoniam	da ja
crūdēlitās, -ātis *f.*	Grausamkeit
diūtius *Adv.*	länger(e Zeit)
imitārī, imitor, imitātūs sum	nachahmen
mūnīre, mūniō	befestigen, sichern, schützen
quem ad modum	wie
reperīre, reperiō, repperī, repertum	finden (*nach Suchen und Forschen*)

3.4 Cicero beurteilt Caesar und Pompeius – und sich selbst

Pompeius ist aus Italien nach Griechenland (die römische Provinz Graecia) geflohen, um von dort aus Heere gegen Caesar führen. Dieser hat bereits Etrurien und Rom in der Hand und versucht in Spanien die Truppen des Pompeius zu besiegen.
Cicero hatte am Beginn des Bürgerkriegs die Verteidigung der Küstenregion zwischen Formiae und Cumae am Tyrrhenischen Meer übertragen bekommen. Doch Caesar umwirbt ihn in Briefen und Gesandtschaften, sich neutral zu verhalten oder ihn zu unterstützen. Cicero will weder mit Pompeius noch mit Caesar brechen, hofft auf Möglichkeiten der Vermittlung, gerät aber immer mehr in Skepsis, bleibt untätig, nimmt seine vom Senat übertragene Aufgabe nicht wahr, sondern hält sich auf verschiedenen Landgütern auf, bis er sich am 14. April 49 entschließt, an die Ostküste Italiens zu reisen und von dort Italien zu verlassen. In dieser Situation schreibt er aus Cumae an seinen Freund und Verleger Atticus Folgendes:

Cicero, ad Atticum, 10,5,1

Er wolle nicht mehr weiter trauern und denke weniger daran, was er an Ansehen, Ämtern, Lebensstandard durch die Schuld von Pompeius und Caesar verloren habe, als daran, welche Ehrungen er erfahren hat, was er geleistet hat und was ihn auch jetzt im Unglück noch von den beiden unterscheidet. Cicero zieht eine Verbindung zum Jahr 58: Damals hatte er die Senatsopposition gegen die politischen Pläne und Machtansprüche von Caesar und Pompeius angeführt, die mit Crassus in einem Triumvirat das eigentliche Machtzentrum anstelle der Verfassungsorgane bildeten. Caesars Anhänger Clodius und dessen Schlägerbanden bedrohten Ciceros Leben: Er wurde verbannt und mit Vermögensentzug bestraft, weil er als Konsul letztlich für die Hinrichtung der Catilinarier verantwortlich zeichnete, Hinrichtung römischer Bürger aber ungesetzlich war. (Ein Jahr später wurden Verbannung und auch Vermögensentzug zum Teil wieder aufgehoben.) Pompeius, damals mit Caesars Tochter Iulia verheiratet, half Cicero trotz seiner Bitten nicht. Cicero schreibt jetzt: Caesar und Pompeius hätten ihn aus dem Staat getrieben, um ihren Begierden *(cupiditātēs)* freien Lauf lassen zu können. Wozu solch ein Bündnis verbrecherischen Einvernehmens *(scelerāta cōnsēnsiō)* führe, sehe man jetzt. Auch eine Verbindung zum Jahr 63 v. Chr. stellt er her, als er Konsul war und nach Entdeckung der Verschwörung Catilinas für Hinrichtung von Verschwörern gegen den Staat plädierte. Und schließlich stellt er eine Verbindung zum Jahr 52 her, als er ein Werk über den Staat *(De re publica)* veröffentlichte. Er setzt nun in seinem Brief Pompeius, Caesar und sich selbst vielfältig in gedankliche Beziehung.

Cicero, ad Atticum 10,5,2–3[1]

2 Alter ārdet furōre et scelere nec remittit aliquid, sed in diēs ingravēscit; modo Ītaliā expulit[2], nunc aliā ex parte persequī, ex aliā prōvinciā exspoliāre cōnātur nec iam recūsat, sed quōdam modō pōstulat, ut, quem ad modum est, sīc etiam appellētur: tyrannus.

ārdēre, ardeō brennen
furor, -ōris *m.* Raserei
remittere, -mittō nachlassen
in diēs von Tag zu Tag
ingravēscere, -gravēscō schlimmer werden
modo *Adv.* gerade, eben
exspoliāre berauben, ausplündern
cōnārī, cōnor versuchen, daran gehen
recūsāre verweigern, ablehnen
quīdam, quaedam, quoddam irgendein
tyrannus, -ī *m.* Tyrann → *Grundwissen 3, Tyrannis*

1 Brief 10,5 Ausgabe Kasten; Brief 10,4 in anderen Ausgaben, Brief 195 Ausgabe Shackleton Bailey – **2 expulit, persequī, exspōliāre:** Akk.-Objekt nicht genannt

3 Alter – is, quī[3] nōs sibī quondam ad pedēs strātōs nē sublevābat quidem, quī sē nihil contrā huius voluntātem facere posse, – ēlāpsus ē socerī manibus ac ferrō bellum terrā et marī comparat, nōn iniūstum ille quidem, sed cum pium tum etiam necessārium, suīs tamen cīvibus exitiābile, nisī vīcerit, calamitōsum, etiam sī vīcerit.

ēlābī, ēlabor, ēlāpsus sum entrinnen
quī ... posse *ergänze* **dīcēbat**
socer, socerī *m.* Schwiegervater
terrā et marī zu Land und zu Wasser
bellum comparāre zum Krieg rüsten, einen Krieg vorbereiten
cum ... tum sowohl... als auch ganz besonders
iniūstus, -a, -um ungerecht, nicht gerechtfertigt
quidem zwar
exitiābilis, -e verderblich, zum Untergang führend
calamitōsus, -a, -um unheilvoll, Unglück bringend

3 is, quī ... *ergänze:* **dīcēbat** er, der uns, als wir ihm einst zu Füßen am Boden lagen, nicht einmal aufrichtete, sondern sagte, er könne nichts gegen dessen *(Caesars)* Willen tun.

Cicero, ad Atticum 10,5,4 – 5 (freie Übersetzung: Hans-Joachim Glücklich)

4 Hōrum egō summōrum imperātōrum nōn modo rēs gestās nōn antepōnō meīs, sed nē fortūnam quidem ipsam, quā illī flōrentissimā, nōs dūriōre cōnflīctātī vidēmur. Quis enim potest aut dēsertā per sē patriā aut oppressā beātus esse? Et sī, ut nōs ā tē admonēmur, rēctē in illīs librīs[1] dīximus nihil esse bonum nisī, quod honestum, nihil malum nisī, quod turpe sit, certē uterque istōrum est miserrimus, quōrum utrīque semper patriae salūs et dignitās posterior suā dominātiōne et domesticīs commodīs fuit.

4 Was nun diese höchsten Befehlshaber angeht: Ich setze ihre Taten nicht nur nicht über meine eigenen, sondern nicht einmal ihr Schicksal selbst: Sie wurden ganz offenbar von einem überaus glänzenden, wir von einem ziemlich harten (Schicksal) heimgesucht. Wer kann nämlich innerlich glücklich sein, wenn (durch sein Verschulden) das Vaterland entweder ohne Hilfe gelassen oder zu Boden gedrückt wird? Und wenn wir (von dir erinnert) in jenen Büchern[1] ganz richtig gesagt haben: „Nichts ist gut, außer was moralisch ehrenhaft ist und zum Lebensziel führt, nichts ist schlecht, außer was moralisch verwerflich ist und vom Ziele des Menschen wegführt", dann gilt: Bestimmt ist jeder von diesen beiden Kerlen der allerunglücklichste, denn für beide mussten Wohl und Würde des Vaterlands hinter der eigenen Gewaltherrschaft und den privaten Vorteilen zurückstehen.

5 Praeclāra igitur cōnscientiā sustentor, cum cōgitō
mē dē rē pūblicā aut meruisse optimē, cum potuerim,
aut certē numquam nisī piē cōgitāsse eāque ipsā tempestāte ēversam esse rem pūblicam, quam egō XIIII annīs ante prōspexerim[2].

5 Also werde ich durch mein hervorragend wirkendes Bewusstsein aufrecht gehalten, indem ich nämlich daran denke, dass ich mich immer, soweit ich konnte, um den Staat verdient gemacht oder zumindest immer pflichtbewusst gedacht habe und der Staat jetzt gerade durch das Unwetter aufgewühlt worden ist, das ich vor vierzehn Jahren vorausgesehen habe.

1 in illīs librīs in jenen Büchern, *wahrscheinlich De re publica* – **2 XIIII annīs ante** vor vierzehn Jahren: *Cicero spielt hier auf seine Zeit als Konsul im Jahr 63 an, als er nach Entdeckung der Verschwörung Catilinas für Hinrichtung der Verschwörer plädiert, sich aber nicht durchgesetzt hatte.*

Aufgaben zur interpretierenden Texterschließung

1 Lesen Sie den Text und gliedern Sie die einzelnen Sätze in Kola (→ S. 91 f.). Ordnen Sie dabei in vier Spalten die Informationen und Beurteilungen, die in den §§ 2 – 5 gegeben werden: a) zu Caesar: §§ 2 und 4, b) zu Pompeius: §§ 3 und 4, c) zu Cicero selbst: § 4 – 5.

Aufgaben zur Interpretation

2 a) Nennen Sie die vier Vorwürfe, die Cicero Caesar in § 2 macht.
b) Was sagt Cicero in § 3 über die Aktionen des Pompeius?
c) Welche Urteile fällt Cicero in den §§ 2 – 3 über Caesar, welche über Pompeius?
d) Worin gleichen sich Cicero zufolge Caesar und Pompeius, worin unterscheiden sie sich?

3 Stellen Sie dar und erläutern Sie: Wie unterscheidet sich die Darstellung des Pompeius (§ 3) von der Caesars (§ 2): a) im Satzbau, b) in der ausgedrückten Beteiligung des Verfassers?

4 Entwickeln Sie, wie sich Cicero in § 4 von Caesar und Pompeius abhebt:
a) in der Sache, b) formal? – Berücksichtigen Sie bei Ihrer Antwort zu 3b): Wortstellung; Antithesen (→ Grundwissen, St 16); Hyperbata (St 13); Klangwirkungen (St 14 a und b); überraschende Wortverbindungen (sogenannte Oxymora, Singular: Oxymoron); Darstellung mit mehrfacher Verneinung (sogenannte Litótes = „Schlichtheit"); Ironie (St 3).

5 Erläutern Sie: Wie wird in der Übersetzung von § 4 die Wortstellung berücksichtigt oder wiedergegeben? Versuchen Sie eine eigene Übersetzung. Warum drückt sich Cicero so kompliziert aus?

6 Schildern Sie Satzbau und Wortwiederholungen in § 5. Ziehen Sie daraus Rückschlüsse auf die Art, wie Cicero in dieser Situation denkt.

7 Fassen Sie (paraphrasierend) die hier dargestellten Beziehungen zwischen dem Glück des Einzelnen und dem Staat zusammen.

8 Erörtern Sie: Wie verhält sich Ciceros Selbstdarstellung in §§ 4 – 5 zu seiner Beurteilung der aktuellen Lage?

LERNWORTSCHATZ

ārdēre, ārdeō, ārsī, ārsum	brennen
furor, -ōris *m.*	Raserei
remittere, -mittō, -mīsī, -missum	nachlassen
cōnārī, cōnor, cōnātus sum	versuchen, unternehmen
quīdam, quaedam, quoddam	irgendein
quidem	zwar, allerdings

4 Wessen Verhalten führt weiter?

4.1 Zehn Fragen zum Verhalten in einer Diktatur

Cicero, ad Atticum 9, 4 (nach anderer Zählung 9,7)

Cicero-Büste, Uffizien, Florenz

Cicero führt zwar mit Atticus und sogar mit Caesar einen Briefwechsel. Aber er ist völlig unschlüssig, was er tun soll. Er war ein Gefolgsmann des Pompeius. Deswegen hat er ebenso wie dieser Rom verlassen, denn Bleiben galt als Eintreten für Caesar. Cicero sieht, dass Caesar viele gute Gründe auf seiner Seite hat und sich zu keinerlei Grausamkeiten hinreißen lässt. Aber Cicero hat aus eigener Erfahrung eine unausrottbare Abneigung gegen das einfache Volk, das einst im Jahr 58 sein Haus niederbrannte und für seine Verbannung stimmte. Diese Leute sieht er um Caesar versammelt. Immer wieder schreibt er in Briefen, wie verachtenswert ihm die Leute um Caesar erscheinen.
In seinem Denken werden Pompeius und Caesar zu Kämpfern um die Alleinherrschaft in Form einer Tyrannis (Gewaltherrschaft). Er geht in seinem Landgut in Formiae spazieren und beschäftigt sich mit den Fragen, die griechische Philosophen diskutiert haben, in deren Heimat (Kleinasien, Sizilien, in einigen griechischen Städten) viele Tyrannen die Herrschaft an sich gerissen hatten.

Lit.: Helmut Berve, Die Tyrannis bei den Griechen, 2 Bde, München 1967.

Cicero schreibt aus Formiae am 12. März 49 in demselben Brief an Atticus, dem er Caesars Schreiben über die Politik der *clēmentia* beigelegt hat (→ Text 3.3).

Cicero, ad Atticum 9,4 – (Übersetzung Hans-Joachim Glücklich)

Lieber Atticus!
1 Zwar bin ich so lange ruhig, wie ich entweder an dich schreibe oder einen Brief von dir lese, aber erstens habe ich keinen Stoff für Briefe und zweitens weiß ich, dass es dir genauso geht. Was man nämlich in gelöster Stimmung sich so in freundschaftlichem Umgang schreibt, das ist in diesen Zeiten ausgeschlossen; was aber diese Zeiten angeht, haben wir schon erschöpfend behandelt. Trotzdem: Um mich nicht ganz dem Kummer hinzugeben, habe ich mir sozusagen bestimmte Themen vorgelegt, die sowohl politisch als auch zeitbezogen sind. Damit will ich mich vom Klagen ablenken und mich genau in der Thematik, um die es jetzt geht, einüben. Es sind die folgenden Themen:

1 *(Er zitiert die Fragen auf Griechisch:)*

1. Soll man im Vaterland bleiben, wenn es von einem Tyrannen beherrscht wird?
2. Soll man auf jede Art und Weise die Beseitigung der Tyrannis betreiben, auch wenn deswegen die Existenz des Staates im Ganzen in Gefahr geraten wird?
3. Muss der, der die Tyrannis beseitigen will, sich davor in Acht nehmen, nicht selbst auf den Thron gehoben zu werden?
4. Soll man lieber versuchen, dem von einem Tyrannen beherrschten Vaterlande lieber durch Nutzen eines günstigen Augenblicks und durch das Wort zu helfen als durch Krieg?
5. Bedeutet es politisches Handeln, sich irgendwohin zu verziehen und ruhig abzuwarten, wenn das Vaterland von einem Tyrannen beherrscht wird?
6. Oder soll man durch jede Gefahr gehen, weil es um die Freiheit geht?
7. Soll man Krieg ins Land bringen und es belagern, weil es von einem Tyrannen beherrscht wird?
8. Soll man sich, auch wenn man die Beseitigung der Tyrannis durch Krieg nicht billigt, trotzdem bei den „Guten“ einschreiben? *(meint wohl: bei den – auf der Seite des Pompeius stehenden – Optimaten)*
9. Soll man sich in der Politik mit seinen Wohltätern und Freunden in Gefahr begeben, auch wenn ihr Vorhaben im Ganzen offenbar schlecht überlegt ist?
10. Wer sich um das Vaterland große Verdienste erworben hat und gerade deswegen Unerfreuliches ertragen muss und verhasst wurde, soll der sich willentlich für das Vaterland in Gefahr begeben oder muss man ihm erlauben, sich auch einmal um sich selbst und seine Angehörigen zu kümmern und dabei Auseinandersetzungen mit den Machthabern zu vermeiden?

(3) In diesen Überlegungen übe ich mich also und überdenke das Pro und Contra, mal auf Griechisch, mal auf Lateinisch. So lenke ich mich eine Zeit lang von dem Ärger ab und erwäge gleichzeitig, was mir nützlich ist. Aber ich fürchte, ich komme dir damit zum unpassenden Zeitpunkt. Denn wenn der Überbringer dieses Briefes tüchtig läuft, dann trifft er gerade auf deinen „Tag“ (*Atticus hatte regelmäßig viertägige Fieberanfälle*).

Arbeitsaufträge zur Interpretation

1 a) Nehmen Sie selbst zu den hier von Cicero gestellten Fragen (bes. 1, 3 – 6,10) Stellung und erörtern Sie sie.
b) Suchen Sie Beispiele für das jeweilige Verhalten in der Geschichte des 20. Jahrhunderts oder im aktuellen Weltgeschehen. Beispiele: Verhalten bekannter und weniger bekannter Menschen während der Jahre 1933 – 1945; Leben und Schicksal bekannter Persönlichkeiten des 20. Jahrhunderts (Bundeskanzler Konrad Adenauer und Willy Brandt, Dirigenten Wilhelm Furtwängler und Herbert von Karajan, Regisseure Gustav Gründgens und Veit Harlan, verschiedener Professoren, Lehrer, Geistlicher, Industrieller; Schicksale von Menschen in der früheren DDR, in Chile, in Argentinien, in östlichen Ländern; Umgang demokratischer Staaten mit Diktatoren in aller Welt bis heute).

2 Stellen Sie fest, mit welchen Positionen sich einzelne Schülerinnen und Schüler am ehesten identifizieren möchten. Veranstalten Sie ein argumentatives Streitgespräch über Ihre verschiedenen Positionen.

3 Erörtern Sie, welche der hier von Cicero aufgeworfenen 10 Fragen ihn persönlich im Jahr 49 besonders betreffen → Texte 3.2 und 3.4.

4.2 Caesar wirbt um Cicero

Cicero berichtet am 28. März 49 seinem Freund Atticus vom Verlauf seines Gesprächs mit Caesar am 27. März in Sinuessa. Atticus hatte ihm dafür den Rat gegeben, sich einerseits die Gunst Caesars nicht zu verscherzen, andererseits aber auch nicht nach Rom zu kommen.

Cicero, ad Atticum 9,18,1 (nach anderer Zählung 9,21,1) (Übersetzung Hans-Joachim Glücklich)

Utrumque ex tuō cōnsiliō:
Nam et ōrātiō fuit ea nostra, ut bene potius ille dē nōbīs exīstimāret, quam grātiās ageret, et in eō mānsimus: nē ad urbem.
Illa fefellērunt, facilem quod putābāmus; nihil vīdī minus.
Damnārī sē nostrō iūdiciō, tardiōrēs fore reliquōs, sī nōs nōn venīrēmus, dīcere.
Ego: Dissimilem illōrum esse causam.
Cum multa: „Venī igitur et age dē pāce!"
„Meōne", inquam, „arbitrātū?"
„An tibī", inquit, „egō praescrībam?"

„Sīc", inquam, „agam: Senātuī nōn placēre in Hispāniās īrī nec exercitūs in Graeciam trānsportārī, multaque", inquam, „dē Gnaeō dēplorābō."

Tum ille: „Egō vērō ista dīcī nōlō."
„Ita putābam", inquam, „sed egō eō nōlō adesse, quod aut sīc mihī dīcendum est aut nōn veniendum, multaque, quae nūllō modō possem silēre, sī adessem."
Summa fuit, ut ille, quasi exitum quaerēns: ut dēlīberārem.
Nōn fuit negandum.
Ita discessimus.
Crēdō igitur hunc mē nōn amāre.
At ego mē amāvī, quod mihī iam prīdem ūsū nōn vēnit.

Beides gemäß Deinem Rat!
Denn erstens war unsere (= meine) Rede so, dass er eher eine gute Meinung von mir bekam als mir Dank zu sagen. Und zweitens sind wir dabei geblieben: Ja nicht nach Rom!
Aber darin haben wir uns getäuscht, dass wir ihn für entgegenkommend hielten.
Nichts weniger als das, wie ich gesehen habe.
Er werde durch unsere Entscheidung verurteilt, alle anderen würden unentschlossener werden, wenn wir nicht nach Rom kämen, sagte er immer wieder.
Ich: Mein Fall sei ihrem Fall nicht ähnlich.
Als wir noch vieles sagten:
„Komm also und rede über den Frieden!"
„Nach meiner Entscheidung?", sagte ich.
Er: „Soll ich Dir etwa Vorschriften machen?"
„Also werde ich folgendermaßen reden", sagte ich: „Der Senat ist nicht dafür, dass man nach Spanien marschiert, und nicht dafür, dass Heere nach Griechenland übergesetzt werden, und viel", sagte ich, „werde ich Bedauern über Gnaeus (Pompeius) äußern."
Darauf er: „Aber dass das gesagt wird, will ich nicht."
„Das dachte ich mir schon", sagte ich, „aber ich will deshalb nicht in Rom sein, weil ich entweder so reden muss oder nicht kommen darf und es vieles gibt, worüber ich keinesfalls schweigen könnte, wenn ich dort wäre."
Das Ergebnis war: Er sagte, wie um zum Ende zu kommen: Ich solle es mir überlegen.
Das durfte nicht abgelehnt werden.
So gingen wir auseinander.
Ich glaube also: Er mag mich nicht.
Aber ich habe mich richtig gemocht – was mir schon lange nicht mehr passiert ist.

Arbeitsaufträge zur Interpretation

1 Erfassen und charakterisieren Sie die Haltungen Caesars und Ciceros im geschilderten Gespräch (z. B. nach Freundlichkeit, Härte, Umgangston).
2 Untersuchen und beurteilen Sie Ciceros Haltung unter Berücksichtigung der Texte 3.2 und 4.1, § 2, Frage 4 sowie Information S. 46f.
3 Untersuchen und beurteilen Sie Caesars Haltung unter Berücksichtigung der Texte 3.1 und 3.3.
4 Erstellen Sie gegebenenfalls Charakterkurven zu Caesar und Cicero, z. B. nach den Kriterien: Zielbewusstsein, Ratlosigkeit, Beharrlichkeit, Freundlichkeit, Offenheit, Direktheit, Selbstbewusstsein (Muster → Text 3.1, Arbeitsauftrag 8).
5 Caesar und Antonius kannten sicher Ciceros Werk *Der Staat* (*De re publica*) aus dem Jahr 52 v. Chr. (Text 3.2, 1. Teil). Untersuchen Sie: Wie geht Antonius in seinem Brief darauf ein, wie Caesar (Informationen b und c)?

Die weiteren Etappen des Werbens um Ciceros Mitarbeit

a Cicero entzieht sich immer wieder dem Ansinnen Caesars, in seinem Interesse in Rom aufzutreten.
In einem Brief an Atticus vom 2. Mai 49 (*ad Atticum* 10,8,2) zeigt er seine Hoffnung, dass Caesar in Spanien im Kampf gegen Heer des Pompeius geschlagen wird, aber befürchtet das Gegenteil. Würde Caesar geschlagen, dann sei ein Übertritt zur Partei des Pompeius kaum ehrenhaft, weil sich dann selbst die schlimmsten Caesaranhänger zu Pompejanern wandelten. Würde aber Caesar siegen, dann wolle er nicht zu seiner Partei gehören. Für diesen Fall erwartet er: „Mord, Angriff auf das Vermögen von Privatleuten, Rückkehr der Verbannten, Schuldenerlass, Ämter für die schimpflichsten Subjekte, eine Königsherrschaft (*rēgnum*, Tyrannis), die nicht nur keinem Römer, sondern nicht einmal irgendeinem Perser erträglich wäre."

b Diesem Brief legt er Schreiben von Antonius und Caesar bei. Antonius hatte ihm am 16. April 49 geschrieben (*ad Atticum* 10,8 A): Er schätze ihn sehr. Cicero solle nicht Pompeius trauen, der ihm Unrecht getan habe. Er solle Caesar trauen, „der selbst dann, wenn er nicht mehr dein Freund sein sollte (was aber gar nicht passieren kann), trotzdem immer sehnlichst wünschen wird, dass du wohlbehalten und hochgeschätzt bist (*salvum amplissimumque*)."

c Das Schreiben Caesars vom 16. April 49, diktiert auf seinem Marsch nach Massilia (heute: Marseille) (*ad Atticum* 10,8 B), sagt: Der Bürgerkrieg sei schon zu Caesars Gunsten entschieden. Cicero dürfe jetzt nicht tun, was er damals nicht tun wollte, als die Entscheidung noch offen war. Sich jetzt für Pompeius zu entscheiden, werde ihn als Caesars Kritiker hinstellen. „Beim Recht unserer Freundschaft bitte ich dich, dies nicht zu tun." „Wenn du die ‚Zeugenaussage' meines bisherigen Lebens und das ‚Gerichtsurteil' über unsere Freundschaft genau zur Kenntnis nimmst, wirst du nichts Sichereres und nichts Ehrenhafteres finden als sich aus dem ganzen Wettstreit herauszuhalten"

d Auch nach dem Sieg Caesars erging es Cicero gut, er wurde von Caesar sehr anständig behandelt. Er konnte sogar Gegner Caesars in Prozessen vertreten, in denen Caesar entscheidender Richter war (46 und 45 v. Chr.). Dabei bestärkte er ihn in seiner Versöhnungspolitik. Für die Aufhebung der Verbannung eines der größten Caesargegner, Marcellus, hielt Cicero 46 v. Chr. eine Dankesrede, in der er Caesar dafür lobte, dass er die Gesichtspunkte eines republikanischen Staatswesens anerkenne.

e Nach Caesars Tod aber rechtfertigte er diesen als angemessenen Tyrannenmord (→ Text 5.4).

f Erst nach Caesars Ermordung ging Cicero auf, welchen Schutz er verloren hatte. Marcus Antonius, gegen den er flammende Reden schrieb (die sog. *Philippicae* aus den Jahren 44 und 43) ließ ihn proskribieren (→ Text 3.2, Information S. 51) und grausam töten.

4.3 Clementia Caesaris – ein Rückblick aus der Sicht Suetons

Sueton, Divus Iulius 75

1 Moderātiōnem vērō clēmentiamque cum in administrātiōne tum in victōriā bellī cīvīlis admīrābilem exhibuit.
Zum Jahr 49: Dēnūntiante Pompēiō prō hostibus[1] sē habitūrum, quī reī pūblicae dēfuissent, ipse[2] mediōs et neutrīus partis suōrum sibī numerō futūros prōnūntiāvit. Quibus autem ex commendātiōne[3] Pompeī ōrdinēs dederat, potestātem trānseundī ad eum omnibus fēcit.

2 *Zum Jahr 48:* Aciē Pharsālicā prōclāmāvit, ut cīvibus parcerētur, deincepsque nēminī nōn suōrum, quem vellet, ūnum partis adversae servāre concessit.

3 *Grundsätzlich und zum Jahr 49:* Nec ūllī perīsse nisī in proeliō reperientur, exceptīs dumtāxat Āfrāniō et Faustō et Lūciō Caesare iuvene; ac nē hōs quidem voluntāte ipsīus interēmptōs putant, quōrum tamen et priōrēs post impetrātam veniam rebellāverant et Caesar lībertīs servīsque eius ferrō et ignī crūdēlem in modum ēnectīs bēstiās quoque ad mūnus populī[4] comparātās contrucīdāverat.

4 *Zu den Jahren 46 – 44:* Dēnique tempore extrēmō etiam, quibus nōndum īgnōverat, cūnctīs in Ītaliam redīre permīsit magistrātūsque et imperia capere; sed et statuās Lūcī Sullae atque Pompeī ā plēbe disiectās reposuit; ac sī qua posthāc aut cōgitārentur gravius adversus sē[5] aut dīcerentur, inhibēre māluit quam vindicāre.

moderātiō, -ōnis *f.* Mäßigung
administrātiō, -ōnis *f.* Ausführung, Verwaltung
admīrābilis, -e bewundernswert
exhibēre, -hibuī zeigen, an den Tag legen
dēnūntiāre bekannt geben
reī pūblicae deesse, dēsum, dēfuī den Staat im Stich lassen
medius, -ī *m.* Desinteressierter
neutrīus partis von keiner Partei, Neutraler
suī, -ōrum *m.* seine Freunde
futūrōs *erg.* **esse**
prōnūntiāre öffentlich bekannt geben
quibus … dēderat *Objekt zu* **fecit**
commendātiō, -ōnis *f.* Empfehlung
ōrdinēs dare Offiziersränge oder Rangstellen geben
potestātem facere, faciō, fēcī die Möglichkeit verschaffen
trānsīre, -eō ad übergehen zu
aciēs Pharsālica *f.* Schlacht von Pharsalos
prōclāmāre öffentlich anordnen
parcere, parcō *mit Dat.* (ver)schonen
cīvibus parcitur die Bürger werden geschont
deinceps dann
nēmō nōn jeder
suī, -ōrum *m.* seine Leute
pars adversa, partis adversae *f.* Gegenpartei
ūllus, -a, -um irgendeiner; *Pl.* irgendwelche
perīsse = periisse
reperior fēcisse man findet (heraus), dass ich gemacht habe
excipere, -cipiō, -cēpī, -ceptum ausnehmen, herausnehmen
dumtāxat allerdings
iuvenis, -is *m.* jung; junger Mann (*ab 21 Jahre*)
nē … quidem nicht einmal; auch … nicht
voluntās, -ātis *f.* Wille
interimere, intérimō, interēmī, -ēmptum umbringen
interēmptōs *erg.* **esse**
putant sie (*die Zeugen*) glauben, man nimmt an
impetrāre erlangen, durchsetzen
venia, -ae *f.* Verzeihung
priōres, -um *m.* die ersten
rebellāre den Kampf wieder aufnehmen
Caesar *der vorher genannte 'junge Caesar'*
lībertus, -ī *m.* Freigelassener
eius *meint C. Iulius Caesar*
in modum auf die Art und Weise
ēnecāre, ēnecō, ēnecuī, ēnectum (langsam) umbringen
mūnus, mūneris *n.* Schauspiel, Show
comparāre kaufen
contrucīdāre niedermetzeln, abschlachten
tempus extrēmum Alter, letzter Lebensabschnitt
ignōscere, -noscō, -nōvī verzeihen
cūnctī, -ae, -a alle zusammen (*ohne Ausnahme*)
permittere, -mittō, -mīsī, -missum erlauben
imperium, -ī *n.* Kommando(stelle)
disicere, -iciō, -iēcī, -iectum zertrümmern, einreißen
repōnere, -pōnō, -posuī ersetzen, wieder aufrichten
qua irgendwelche Dinge, irgendetwas
adversus sē gegen ihn *meint Caesar*
inhibēre abhalten, stoppen
mālle, mālō, maluī lieber wollen
vindicāre bestrafen, (*juristisch*) einschreiten

5 Itaque et dētēctās coniūrātiōnēs conventūsque nocturnōs nōn ultrā arguit, quam ut ēdictō ostenderet esse sibī nōtās, et acerbē loquentibus satis habuit prō contiōne dēnūntiāre, nē persevērārent, Aulīque Caecīnae crīminōsissimō librō et Pitholaī[6] carminibus maledīcentissimīs lacerātam exīstimātiōnem suam cīvīlī animō tulit.

dētegere, dētegō, -tēxī, -tēctum entdecken
coniūrātiō, -ōnis *f.* Verschwörung
conventus, -ūs *m.* Zusammenkunft, Treffen
nocturnus, -a, -um nächtlich
ultrā … quam weiter … als
arguere, arguō, arguī *(als Verbrechen)* verfolgen
ēdictum, -ī *n.* Anordnung, Bekanntmachung
acerbus, -a, -um bitter, feindlich
satis habēre, habeō, habuī sich damit begnügen
cōntiō, -ōnis *f.* Volksversammlung
dēnūntiāre öffentlich verkünden
persevērāre dabei verharren, weitermachen
Aulus Caecīna *Eigenname*
crīminōsus, -a, -um verleumderisch, gehässig
Pitholaus, -ī *Eigenname*
maledīcus, -a, -um schmähend lästernd
lacerāre zerreißen, zerfleischen; völlig zerstören
exīstimātiō, -ōnis *f.* Meinung, Ansehen
cīvīlis animus, cīvīlis animī *m.* bürgerliche Gesinnung, Bescheidenheit

---

1 **prō hoste habēre** als Feind behandeln; *also die Besiegten versklaven, bzw. im Bürgerkrieg proskribieren.* – 2 **ipse** *meint Caesar* – 3 **commendātiō, -ōnis** *f.* Empfehlung; *Pompeius und Caesar waren früher politische Verbündete.* – **paenitentia, ae** *f.:* Reue: *über den Beschluss zu verhandeln.* – 4 **populī** *hier:* für das Volk, öffentlich – 5 **adversus sē** ihm, Caesar, gegenüber– 6 **Aulus Caecīna, Pitholaos** *Verfasser von Schmähschriften gegen Caesar.*

Arbeitsaufträge zur interpretierenden Texterschließung

1 Lesen Sie den Text durch und gliedern Sie die einzelnen Sätze nach Kola (→ S. 91 f.). Versuchen Sie, dabei, von den ersten Ausdrücken des Satzes 1 ausgehend, die folgenden Wortfelder und Ausführungen (z.B. in einer mehrspaltigen Liste) festzuhalten:
- **a** Ausdrücke für „Maß, Milde" u. ä.;
- **b** Bereiche, Orte, Schlachten, Personen, bei denen sich diese Haltungen zeigen;
- **c** in Verbformen dargestellte Aktionen Caesars, die diese Haltungen zeigen.

Arbeitsaufträge zur Interpretation

2 Nehmen Sie Stellung: Welche Akte der Milde und Versöhnung erscheinen Ihnen überzeugend, welche problematisch? Nennen Sie Gründe dafür.

3 Stellen Sie dar und erläutern Sie: Wie wird Caesar in diesem Text direkt und indirekt charakterisiert? → Grundwissen 5, Abschnitt 4 (Charakterisierung)

4 Versuchen Sie, die geschilderten Ereignisse szenisch oder in „Standbildern" darzustellen. Legen Sie dabei besonderen Wert auf
- **a** Mimik und Gestik der Personen, die bestimmte Aktionen erwarten und dann überrascht werden;
- **b** Caesars Mimik und Körperhaltung.

Erwähnte Personen und Orte

§ 2: **Ilerda, -ae** *f.:* Ilerda, Stadt in Spanien, Ort einer unentschiedenen Schlacht am 26. Juni 49 v. Chr. zwischen Caesar und Afranius und Petreius, zwei Unterfeldherrn des Pompeius
Afrānius, Petrēius: Generäle des Pompeius
aciēs Pharsālica, acieī Pharsālicae *f.:* Schlacht von Pharsalos, in der die Truppen des Pompeius am 9. August 48 besiegt wurden.
§ 3: **Āfrānius, Faustus, Lūcius Caesar:** Generäle des Pompeius; der „junge Lūcius Caesar" ist nicht verwandt mit Gāius Iūlius Caesar.
§ 4: **Sulla:** → Text 1.3, Erläuterung zu § 2: alter Sulla; Pompēius: → Grundwissen 2

Die literarische Gattung der **Angriffsrede (Invektive)** oder **Schmähschrift** sowie des **Spottgedichts** war in Rom gang und gäbe: Der Dichter Catull (ca. 84–54 v. Chr.) hat spöttische Gedichte auf Caesar während dessen Tätigkeit in Gallien geschrieben (z. B. *carmen* 57). Dieser versuchte vergeblich, ihn versöhnlicher zu stimmen. Catulls Spott traf aber auch andere, z. B. Cicero (*carmen* 49). Sueton, *Divus Iulius* 49 und 51 bringt weitere Beispiele von Spottversen auf Caesar.

In vielen Staaten der vergangenen Jahrhunderte und auch heute sind Schmähung und sogar **Kritik der Herrschenden** verboten, werden mit Angriffen auf den Staat gleichgesetzt und hart verfolgt.

LERNWORTSCHATZ

clēmentia, -ae *f.*	Milde
cum … tum	sowohl als auch (besonders)
bellum cīvīle, bellī cīvīlis *n.*	Bürgerkrieg
suī, suōrum *m.*	seine Freunde, seine Leute
prōnūntiāre, -nūntiō	öffentlich verkündigen
trānsīre, trānseō, trānsiī, trānsitum	hinübergehen, übergehen
dēditiō, -ōnis *f.*	Übergabe, Kapitulation
condiciō, -ōnis *f.*	Bedingung, Vereinbarung
admittere, -mittō, -mīsī, -missum	zulassen, begehen
sustinēre, -tíneō, -tínuī, -tentum	aushalten, ertragen
imitārī, imitor, imitātus sum	nachahmen
parcere, parcō, pepercī + *Dat.*	schonen
mihī parcitur	ich werde geschont *(unpersönliches Passiv)*
concēdere, -cēdō, -cessī, -cessum	erlauben, freistellen
ūllus, -a, -um	irgendeiner; *Pl.* irgendwelche
impetrāre, impetrō, impetrāvi, impetrātum	erlangen, durchsetzen
venia, -ae *f.*	Verzeihung
priōres, -um *m. Pl.*	die ersten
mūnus, mūneris *n.*	Schauspiel, Show
comparāre	kaufen
ignōscere, -nōscō, -nōvī	verzeihen
cūnctī, -ae, -a	alle(s) zusammen *(ohne Ausnahme)*
permittere, -mittō, -mīsī, -missum	erlauben
mālle, mālō, maluī	lieber wollen
vindicāre	bestrafen, einschreiten
coniūrātiō, -ōnis *f.*	Verschwörung
nocturnus, -a, -um	nächtlich
ēdictum, -ī *n.*	Anordnung, Bekanntmachung
cōntiō, -ōnis *f.*	Volksversammlung
exīstimātiō, -ōnis *f.*	Meinung, Ansehen

4.4 Der Dictator kommt zu Besuch

Ciceros Reserviertheit gegenüber Caesar bleibt bestehen, wie sein Brief an Atticus zeigt. Caesar war am 19. Dezember 45 auf einer Reise durch Kampanien Ciceros Gast in dessen Villa in Puteoli (heute Pozzuoli) bei Cumae. Aufgrund der politischen Verbindung musste er Caesar mitsamt Gefolge von ca. 2000 Soldaten in seinem Anwesen aufnehmen. Ein Offizier verhinderte, dass die Soldaten Verwüstungen anrichteten oder in Ciceros Wohnhaus eindrangen. Der Besuch verlief also ohne Störungen. Im Brief schildert Cicero Atticus seine Gefühle und die Gesprächsthemen. Er verwendet einige griechische Wörter.

Cicero, ad Atticum 13,52 (13,57 Zählung Kasten)

CICERO ATTICO SAL.
1 Ō hospitem mihī tam gravem *ametamélāton*! Fuit enim periūcundē. Sed cum secundīs Saturnālibus[1] ad Philippum vesperī vēnisset, vīlla ita complēta ā mīlitibus est, ut vix triclīnium, ubī cēnātūrus ipse Caesar esset, vacāret.
Quippe hominum MM. Sānē sum commōtus, quid futūrum esset postrīdiē. At mihi Barba Cassius[2] subvēnit, cūstōdēs dedit. Castra in agrō, vīlla dēfēnsa est.
Ille tertiīs Saturnālibus apud Philippum ad hōram VII nec quemquam admīsit; ratiōnēs, opīnor, cum Balbō. Inde ambulāvit in lītore. Post hōram VIII in balneum.
Tum audīvit dē Mamurrā, vultum nōn mutāvit. Ūnctus est; accubuit; *emetikān*[3] agēbat; itaque et edit et bibit *adeôs* et iūcundē, opipare sānē et apparātē nec id sōlum, sed „bene coctō et conditō, sermōne bonō et, si quaeris, libenter."

Lieber Atticus!
1 Ach, den so beschwerlichen Gast habe ich nicht bereut; es war nämlich höchst zufriedenstellend. Also: Am zweiten Saturnalientag (18. Dezember) kam er abends zu Philippus, und sofort war dessen Haus so von Soldaten angefüllt worden, dass das Speisezimmer, wo Caesar selbst speisen sollte, kaum noch eine leere Stelle hatte. Es waren ja auch 2000 Mann Ich war natürlich schwer besorgt, was am folgenden Tag passieren würde. Aber (*der Offizier*) Barba Cassius kam mir zu Hilfe, gab mir Wachposten. Das Soldatenlager stand auf dem Feld, mein Haus hatte eine Abwehr. Aber er: Er blieb am dritten Saturnalientage bis 13 Uhr bei Philippus und hat überhaupt niemanden zu sich vorgelassen; es gab, glaube ich, Geldkalkulationen mit Balbus. Von ihm ging er dann zu Fuß am Strand entlang. Nach 14 Uhr ins Bad. Dabei bekam er von Mamurra zu hören, aber in seiner Miene zeigte er keine Regung. Er wurde eingecremt; er legte sich zu Tisch. Er nahm normalerweise immer ein Brechmittel. Und so aß er und so trank er ohne Bedenken und voller Vergnügen, ein wirklich ganz glänzendes, üppiges Mahl, und nicht nur das, sondern „es war gut gekocht und gewürzt, mit gutem Gespräch begleitet und, wenn du danach fragst, ungezwungen." (*Das ist ein Zitat aus einer Satire des Dichters Lucilius*).

2 Praetereā tribus triclīniīs acceptī *hoi perì autón* valdē cōpiōsē. Lībertīs minus lautīs servīsque nihil dēfuit. Nam lautiōrēs ēleganter accēpī. Quid multa? Hominēs vīsī sumus. Hospes tamen nōn is, cui dīcerēs „amābō tē, eōdem ad mē cum revertere.“ Semel satis est.

Spoudaîon oudén in sermōne, *filóloga* multa. Quid quaeris? Dēlectātus est et libenter fuit. Puteolīs sē āiēbat ūnum diem fore, alterum ad Bāiās. Habēs hospitium sīve *epistathmeían* odiōsam mihī, dīxī, nōn molestam.

2 Außerdem wurden „die um ihn herum“ an drei Tafeln sehr aufwändig willkommen geheißen. Den weniger polierten Freigelassenen und den Sklaven fehlte es an nichts; die polierteren habe ich auf ausgesuchte Weise bewirtet. Kurz und gut: Wir haben uns als Menschen gezeigt. Trotzdem: Ein Gast nicht von der Art, dass du ihm sagen wolltest: „Ich freue mich, wenn du wieder zu mir kommst.“ Einmal reicht.
In der Unterhaltung nichts Wichtiges, viel Literarisches. Was willst du sonst wissen? Er wurde unterhalten, fühlte sich sehr wohl. Einen Tag, sagte er, werde er in Puteoli bleiben, einen in Baiae. Nun hast du den Bericht über den Besuch oder auch die „Einquartierung“, sie war total zuwider für mich, habe ich gesagt, aber nicht lästig.

1 der zweite Saturnalientag: 18. Dez. 45 – **2 Barba Cassius** *Name des Dienst habenden Offiziers* – **3 emetikän** ein Vomitiv (Brechmittel)

Arbeitsauftrag zur Interpretation

1 Untersuchen Sie: Was bewegt Cicero, Caesar weiterhin abzulehnen, obwohl zumindest der persönliche Kontakt normal und freundlich ist?
2 Beurteilen Sie den Lebensstil Caesars und Ciceros anhand der Abbildung S. 66 und des Textes 4.4. Konfrontieren Sie dann gegebenenfalls Ihre Ergebnisse zu Arbeitsauftrag 5 zu Text 3.3 (S. 53).

Villen am Golf von Neapel (Wandmalerei, Pompeji)

Die Iden des März

5

5.1 Caesars Ermordung in der Darstellung antiker Autoren

Schon in der Antike stellen viele Schriftsteller das epochale Attentat auf Caesar, seine Vorgeschichte und Ausführung dar. Dabei werden angebliche Vorzeichen und ungewöhnliche Erscheinungen erwähnt, entsprechend der römischen Neigung zu Aber- und Wunderglaube.

→ Information, S. 69

Iden des März: Ablauf der Ereignisse

Februar / März 44: Viele Aristokraten sind unzufrieden mit dem Verlust ihrer Macht und hassen daher Caesar. 60 Aristokraten verabreden sich, den *Dictator* Caesar zu töten. Sie sehen sich in der Nachfolge der Kämpfer gegen Romulus, der am Ende seiner Tage tyrannische Züge angenommen haben soll. (Livius, *ab urbe condita* 1, 16,4. Dionysius von Halikarnass 2, 56; Plutarch, *Romulus* 27, 6. Valerius Maximus 5,3, 1. Appian, *bellum civile* 2, 476; Eutropius 6,25). Sie denken an den Eid, den das römische Volk nach Vertreibung des Tarquinius Superbus geleistet hat: Niemals wieder einen römischen König zu dulden. (Cicero, *de re publica* 1,62; 2,45 – 47; Livius, *ab urbe condita* 2, 1, 9. Dionysius von Halikarnass 4, 73; 5, 1; 11,41. Appian, *bellum civile* 2,499; 4,382).
Ein Teilnehmer, Caepio Brūtus, will deswegen auch das Attentat auf die Ermordung Caesars beschränken, Caesars Kollegen im Amt des Consuls, Antonius, schonen. Die Attentäter hoffen, dass der Senat fähig sei, sofort die Herrschaft zu übernehmen. (Cassius Dio 44,15,4).
45/44: In Capua werden bei Bauarbeiten alte Gräber aufgedeckt und eine eherne Tafel gefunden, auf der steht: Wenn die Gebeine des Capys entdeckt werden, wird ein Nachkomme des Iulus von der Hand seiner Blutsverwandten fallen und bald darauf Italien dessen Tod mit großen Heimsuchungen büßen (Sueton, *Divus Iulius* 81).
Februar 44: Ein Seher warnt Caesar vor den Iden des März zu (Plutarch, *Caesar* 63).
ca. 10. März 44: Die Attentäter erwägen mögliche Orte und Gelegenheiten für das Attentat. Als für den 15. 3. eine Senatssitzung in der Curia des Pompeius (nicht das übliche Rathaus, sondern ein Neubau) angesetzt wird, entscheidet man sich dafür (Sueton, *Divus Iulius* 80).
ca. 12. März 44: Es wird gemeldet, dass die Pferde, die Caesar beim Übergang über den Rubikon einsetzte und danach dem Flussgott weihte, das Fressen verweigern und oft Tränen in den Augen haben (Sueton, *Divus Iulius* 81). (Pferde verweigern das Fressen, wenn sie traurig sind, z. B. beim Tod eines andern Pferdes, haben aber nur bei Entzündungskrankheiten wässrige Augen.)
Caesar wird vor Attentaten und gerade dem für den 15. März geplanten gewarnt. Caesars Anhänger Hirtius und Pansa raten ihm, sich mit einer Leibgarde aus spanischen Kohorten zu schützen. Doch Caesar lehnt ab. Eine dauernde Leibwache sei ein Zeichen dauernder Angst und einmal zu sterben sei besser als dauernd mit dem Tod zu rechnen (Velleius Paterculus 2,57,1; Sueton, *Divus Iulius* 86,2; 87; Appian, *bellum civile* 2,455). Caesar plant ohnehin, am 18. März wieder zu seiner Armee zu gehen und Rom zu verlassen.
12. März 44: Der Seher Spurinna mahnt Caesar während eines Opfers, sich vor einer Gefahr zu hüten, die spätestens am 15. März eintrete (Sueton, *Divus Iulius* 81).
14. März 44: Man beobachtet, wie ein Zaunkönig mit einem Lorbeerzweig im Schnabel von anderen Vögeln verfolgt und dann im Rathaus des Pompeius zerrissen wird (Sueton, *Divus Iulius* 81).

14. März 44 abends: Caesar, zu Gast bei seinem Reitereichef Lepidus, sagt auf die Frage, was der angenehmste Tod sei: der plötzliche, unerwartete (Plutarch, *Caesar* 63,7; Sueton, *Divus Iulius* 87).

Nacht vom 14. auf den 15. März 44: Zu Hause legt sich Caesar wie gewohnt (was die meisten Römer nämlich nicht tun) an der Seite seiner Gattin zur Ruhe. Plötzlich springen alle Türen und Fenster des Schlafraums auf. Caesar wird wach, ist erschrocken, der Mondschein fällt ins Zimmer, er bemerkt, wie Calpurnia in tiefem Schlaf unverständliche Worte und Seufzer ausstößt. Sie träumt, sie halte ihren ermordeten Mann in den Armen und weine (Plutarch, *Caesar* 63; Sueton, *Divus Iulius* 81).

Eine andere Version des Traumes: Calpurnia sieht, wie die Schmuckornamente und -figuren, die der Senat zum Zeichen von Caesars Würde auf dessen Hausdach anbringen ließ, herabfallen, und bricht in Tränen aus (Plutarch, *Caesar* 63; Sueton, *Divus Iulius* 81).

Auch Caesar träumt: Er schwebe über den Wolken und reiche Jupiter die rechte Hand (Sueton, *Divus Iulius* 81).

15. März 44, früher Morgen: Calpurnia fleht Caesar an, zu Hause zu bleiben und die Senatssitzung zu verschieben. Wenn ihn ihre Träume nicht Warnung genug seien, solle er sich durch ein anderes Zeichen und durch Opfer Rat holen. Da Calpurnia sich vorher nie abergläubisch und ängstlich gezeigt hat, ist jetzt auch Caesar besorgt (Plutarch, *Caesar* 63) und überlegt, lieber zu Hause zu bleiben, zumal sein Gesundheitszustand schlecht ist (Sueton, *Divus Iulius* 81).

15. März 44 vormittags: Nach vielen Opfern verkünden ihm die Seher nur Vorzeichen eines Unglücks (Sueton, *Divus Iulius* 81). Caesar entschließt sich, die Senatssitzung absagen zu lassen (Plutarch, *Caesar* 63).

– Decimus Brutus Albinus, der bei Caesar ein- und ausgeht, sogar als sein zweiter Erbe eingesetzt ist, fürchtet, der Attentatsplan könne herauskommen, wenn er verschoben würde. Er spottet über die Seher und warnt Caesar, den Senatoren durch Nichterscheinen den Eindruck zu geben, er verachte sie. Zumindest solle er den Senatoren die Vertagung persönlich erklären (Plutarch, *Caesar* 64). Er solle den Senat nicht enttäuschen, der schon längere Zeit auf ihn warte (Sueton, *Divus Iulius* 81).

15. März 44, 11 Uhr: Entweder nimmt ihn Brutus an der Hand und zieht ihn aus dem Haus (Plutarch, *Caesar* 64) oder Caesar geht nun von selbst aus dem Haus (Sueton, *Divus Iulius* 81). Gründe können dann sein: Er missachtet religiöse Warnungen (Sueton, *Divus Iulius* 81); oder (wie manche von Caesars Verwandten meinen): Caesar hat nicht länger leben wollen, sich deshalb weder um seine angegriffene Gesundheit gekümmert noch um die schlechten Vorzeichen und die Warnungen seiner Freunde. Er soll oft gesagt haben: Es sei weniger in seinem Interesse als in dem des Staates, dass er am Leben bleibe; er habe schon lange den Gipfel der Macht und des Ruhms erreicht; falls ihm etwas zustoße, werde der Staat nicht in Ruhe bleiben können, sondern nur noch schlimmere Bürgerkriege erleben (Sueton, *Divus Iulius* 86).

15. März 44, kurz nach 11 Uhr: Vor Caesars Haus eilt ein fremder Sklave heran, will mit Caesar sprechen, kann aber nicht durch Caesars großes Gefolge hindurchkommen. Deswegen drängt er sich in Caesars Haus. Dort bittet er Calpurnia, bei ihr bleiben zu dürfen, bis Caesar zurückkomme; er habe ihm Wichtiges mitzuteilen (Plutarch, *Caesar* 64).

15. März 44, nach 11 Uhr: Auf dem Weg in den Senat grüßt Caesar den Seher, der ihn vor den Iden des März gewarnt hat, mit den spöttischen Worten: „Die Iden des März sind da." Dieser antwortet leise: „Ja, sie sind da, aber noch nicht vorüber" (Plutarch, *Caesar* 63). Nach einer anderen Version sagt dies Caesar erst, als er das Gebäude der Senatssitzung betreten hat: Er habe spöttisch zu Spurinna geschaut und – um ihn zu blamieren – gesagt: Der 15. März sei gekommen, ohne dass ihm etwas zugestoßen sei. Dieser habe geantwortet: Der 15. sei zwar gekommen,

aber noch nicht vorüber (Sueton, *Divus Iulius* 81).
Auf dem Weg zur Senatssitzung will auch Artemidoros von Knidos dringend mit Caesar sprechen. Artemidoros kennt die Pläne des Brutus. In einer Schriftrolle hat er alles aufgeschrieben. Doch Caesar reicht alle Schriftstücke, die ihm unterwegs gegeben werden, gleich an seine Diener weiter. Also drängt sich Artemidoros an Caesar heran und sagt: „Caesar, das musst du lesen, allein und schnell! Es stehen wichtige Dinge drin, die dich ganz besonders angehen." Caesar nimmt zwar die Rolle in die Hand, kommt aber nicht zum Lesen, denn immer neue Leute drängen sich mit Gesuchen oder Mitteilungen an ihn heran. Trotzdem ist die Rolle des Artemidoros immer noch in seiner Hand, als er das Sitzungsgebäude betritt. (Plutarch, *Caesar* 65; Sueton, *Divus Iulius* 81 nennt keinen Namen, spricht von einem Unbekannten, und sagt, Caesar habe dessen Schriftrolle zu anderen Schriften gesteckt, die er in seiner linken Hand hielt.)

Antike Autoren zu den Iden des März

Appianos von Alexandreia. Sein griechisch geschriebenes Werk *Rhomaiká (Römische Geschichte)* in 24 Büchern entstand ca. 150 - 160 n. Chr. Zu den erhaltenen Teilen gehört auch die Darstellung der römischen Bürgerkriege (*Bellum civile*).
Cassius Dio (163 - 229). Aus seiner griechisch geschriebenen ‚Römischen Geschichte' sind die Bücher 37 - 54 fast vollständig erhalten. Sie behandeln die Zeit von 65 bis 12 v. Chr., also vom Asienfeldzug des Pompeius und dem Tod des Mithridates bis zum Tod von Marcus Vipsanius Agrippa.
Titus **Livius** (59 v.Chr. - 17 n.Chr.). Er schrieb seit 26 v. Chr., an seinem Riesenwerk *Ab urbe condita* (*Von der Stadtgründung an*). Dieses Geschichtswerk sollte die Zeit von dem (angenommenen) Gründungsdatum Roms 753 v. Chr. bis zu seiner Gegenwart darstellen. Livius konnte aber weder sein Werk ganz vollenden noch sind alle vollendeten Bücher erhalten.
Der Bürgerkrieg zwischen Caesar und Pompeius und Caesars Ermordung waren Inhalt der Bücher 109 - 116. Von ihnen gibt es nur kurze Inhaltsangaben aus späterer Zeit. **Dionysius** von Halikarnass (1. Jh. v. Chr.). Sein Werk *Rhomaikè Archaiologia* (*Römische Altertumskunde*) schrieb er auf Griechisch während seines Aufenthalts in Rom 30 - 8 v. Chr. Von seinem Werk ist etwa die Hälfte erhalten, davon manches nur durch Auszüge, die Konstantinos VII. Porphyrogennetos, Kaiser von Byzanz 913 - 959, angefertigt hat.
Valerius Maximus (1. Hälfte 1. Jh. n. Chr.) schildert in seinem Werk *Facta et dicta memorabilia (Denkwürdige Taten und Aussprüche)*, verschiedene menschliche Tugenden und Laster mit vielen historischen Beispielen.
Eutropius (4. Jh. n. Chr.). Sein Werk *Breviarium ab urbe condita* (*Abriss der römischen Geschichte seit der Stadtgründung*) hat er für seinen Dienstherrn, den Kaiser Valens (364 - 378), angefertigt. Es wurde schnell ein Klassiker für historische Allgemeinbildung. Buch 6 schildert die Jahre 85 - 44 v.Chr., Buch 7 die Jahre 44 v.Chr. - 96 n.Chr.
Nicolaus Damascenus (Nikolas von Damaskus, 64 v.Chr. - ca. 4 n. Chr.), Lehrer der Kinder Kleopatras und des Antonius. Seine ‚Weltgeschichte' umfasste 144 Bücher und reichte bis zum Tod des Herodes 4 v.Chr. Es sind nur noch Exzerpte (Auszüge) erhalten, von diversen anderen Autoren erstellt. Sie schildern insbesondere das Leben des Augustus.
Text bei Felix Jacoby, Die Fragmente der griechischen Historiker II A, Berlin 1926.
Hinweis: Von Cicero werden in der Ablaufübersicht außer den Briefen an Atticus folgende Werke erwähnt: Brief an (verschiedene) Freunde (Ad familiares); Der Staat (De re publica, vgl. Text 3.2); mehrere Reden gegen Antonius (Philippicae); Über Wahrsagung (de divinātiōne).

15. März 44, ca. 11:45 Uhr: Caesar betritt das Sitzungsgebäude (Plutarch, *Caesar* 65; Sueton, *Caesar* 81), die Curia des Pompeius (Teil eines prächtigen, von Pompeius geplanten Gebäudekomplexes, 55 v. Chr. fertiggestellt. Das Bild von Jean-Léon Gérôme *Der Tod Caesars in der Curia Pompeia* (S. 71) deutet das Ende der Säulenhalle an.)

- Brutus Albinus hält Antonius vor dem Sitzungssaal mit einem langen Gespräch auf. Er will vermeiden, dass der treue Caesaranhänger und mit gewaltigen Körperkräften versehene Mann Caesar bei dem Attentat heraushaut (Plutarch, *Caesar* 66).
- Cassius kommt, schaut noch einmal auf die Pompeiustatue und bittet Pompeius still um Beistand (Plutarch, *Caesar* 66).
- Als Caesar den Saal betritt, erheben sich die Senatoren ehrerbietig (Plutarch, *Caesar* 66).
- Entweder schon bei seinem Eintreten (Sueton, *Divus Iulius* 82) oder erst nachdem er Platz genommen hat (Plutarch, *Caesar* 66), tritt Cimber Tillius (nach anderer Überlieferung ist der Name Cimber Tullius) an Caesar mit einem Gesuch heran.
- Caesar nimmt auf seinem Sessel Platz; dabei umstellen ihn die Attentäter, sie tun so, als wollten sie ihm ihre Ergebenheit bezeugen (Sueton, *Divus Iulius* 82).
- Erst als er sich hingesetzt hat, weist Caesar das Gesuch ab. Die um ihn herumstehen, reden auf ihn ein. Er weist sie brüsk zurück (Plutarch, *Caesar* 66). Oder: Erst nach und nach treten immer mehr Leute nahe an Caesar heran, werden aber auf später vertröstet (Sueton, *Divus Iulius* 82).
- Da fasst Cimber Tillius mit beiden Händen Caesars Toga, reißt sie ihm vom Hals herunter. Dies war als Zeichen zum Angriff verabredet (Plutarch, *Caesar* 66). Oder: Cimber Tillius fasst ihn auf die Ablehnung seines Gesuchs hin an beide Schultern (Sueton, *Divus Iulius* 82).
- Caesar ruft: „Das ist ja Gewalt!" (Sueton, *Divus Iulius* 82).
- Einer der beiden Cascas will seinen Dolch von hinten in Caesars Nacken stechen. Doch entweder ist der Stich nicht tief, weil Casca zittert (Plutarch, *Caesar* 66) oder er trifft statt des Nackens nur etwas die Kehle (Sueton, *Divus Iulius* 82). Denn Caesar dreht sich um. Dann packt er Cascas Dolch und hält ihn fest (Plutarch, *Caesar* 66).
- Caesar hält Cascas Arm und durchsticht ihn mit seinem Schreibgriffel (Sueton, *Divus Iulius* 82).
- Entweder gibt es dabei einen Wortwechsel: Caesar sagt auf Lateinisch: „Verruchter Casca, was tust du?" Casca sagt auf Griechisch, zu seinem Bruder gewendet: „Bruder, hilf!" (Plutarch, *Caesar* 66). - Oder: Caesar lässt einzig bei dieser ersten Verwundung einen Seufzer vernehmen. (Sueton, *Divus Iulius* 82).
- Dann versucht er aufzuspringen, wird aber durch eine zweite Verwundung daran gehindert (Sueton, *Divus Iulius* 82). Wer sie Caesar zufügt, wird nicht gesagt. Später stellt der Arzt Antistes fest, dass diese Verwundung die tödliche war (Sueton, *Divus Iulius* 82).
- Caesar sieht, dass von allen Seiten Dolche gegen ihn gerichtet sind. Er verhüllt mit der rechten Hand sein Haupt mit der Toga und streicht mit der linken Hand die Toga glatt, sodass sie bis hinab zu den Füßen reicht. So, indem weder Gesicht noch Beine und Füße zu sehen sind, will er mit Anstand fallen (Sueton, *Divus Iulius* 82).
- In dieser Stellung (von oben bis unten verhüllt) wird er mit dreiundzwanzig Stichen durchbohrt; nur beim ersten Stoß lässt er einen Seufzer hören (Sueton, *Divus Iulius* 82).
- Nach einer anderen Version sieht Caesar ringsum nur gezückte Dolche. „Überall zuckten Hiebe, fuhren ihm Klingen vor Gesicht und Augen hin und her, er wurde durchbohrt wie ein wildes Tier, sich windend unter den Händen seiner Mörder" (Plutarch, *Caesar* 66).
- Die Attentäter hatten vereinbart, dass jeder Caesar treffen „und von seinem Blut kosten" muss (Plutarch, *Caesar* 66).

- So verwundet ihn auch Brutus, und zwar am Unterleib (Plutarch, *Caesar* 66).
- Manche sagen, Caesar habe sich erst gewehrt und schreiend hin- und hergeworfen, um den Dolchstößen auszuweichen. Erst, als er Brutus erblickte, habe er sein Haupt mit der Toga verhüllt (Plutarch, *Caesar* 66).
- Wiederum abweichend von den Berichten, Caesar habe geschwiegen, berichten einige, er habe zu dem auf ihn eindringenden Marcus Brutus auf Griechisch gesagt: „Auch du, Kind?" (*kaì sy, téknon*, Sueton, *Divus Iulius* 82).
- Kein anderer Senator hilft Caesar, aber es flieht auch keiner, alle sind entsetzt, niemand spricht oder schreit (Plutarch, *Caesar* 66).
- Cicero ist in der Senatssitzung anwesend (*Brief an Atticus, ad Atticum* 14,14, 4; *Reden gegen Antonius, Philippicae* 2, 88 – 89; *„Über die Wahrsagung", de divinatione* 2, 23). Er wusste von dem geplanten Attentat nicht, wie er gegen die Anschuldigung des Antonius vom 19. September 44 (geschildert in: Cicero, *Philippicae* 2, 30; vgl. Cicero, *Briefe an seine Freunde, ad familiares* 12, 2, 1; Cassius Dio 46, 4, 3) glaubhaft beteuert (*Philippicae* 2,25 – 32).
- Caesar bricht am Sockel der Pompeiusstatue zusammen – „aus Zufall oder weil die Mörder ihn dorthin gedrängt hatten" (Plutarch, *Caesar* 66).
- „Sein Blut spritzte über das Standbild, es sah aus, als leite Pompeius selber die Rache an seinem Feinde, welcher, zu seinen Füßen hingesunken, aus vielen Wunden blutend, mit dem Tode rang" (Plutarch, *Caesar* 66).
- Aber möglicherweise sind auch die Mörder blutbeschmiert, denn im Durcheinander der Schwerter und Dolche hatten sie sich auch gegenseitig verwundet (Plutarch, *Caesar* 66).
- Dann fliehen alle aus dem Sitzungsgebäude.
- Caesars Leichnam bleibt längere Zeit liegen. Dann heben ihn drei Sklaven auf eine Sänfte, wobei ein Arm herunterhängt, und bringen ihn nach Hause (Sueton, *Divus Iulius* 82).

– Untersuchung durch den Arzt Antistius: Nur der zweite Dolchstoß war tödlich (Sueton, *Divus Iulius* 82).

Jean-Léon Gérôme (1867): Der Tod Caesars in der Curia Pompeia Walters Art Gallery Baltimore

15. März nachmittags: Obwohl Cicero nicht beteiligt war, sehen die Attentäter in ihm einen geistigen Vater des ‚Tyrannenmords'. Brutus ruft nach der Tat seinen Namen und beglückwünscht ihn zum Wiedergewinn der *res publica* (Cicero, *Philippicae* 2,28; 2,30).

- Möglicherweise eilen die Attentäter nach der Tat mit dem Ruf „Cicero" auf das Forum. Cicero hatte in vielen Werken über den Tyrannenmord gesprochen und reflektiert und sich in mehreren Briefen der Idee gegenüber offen gezeigt (*Ad Atticum* 12,45,2, Ausgabe Kasten 12,53); 13,40,1 (Ausgabe Kasten 13,49).
- Wahrscheinlich noch am 15. März schickt Cicero ein kurzes Glückwunschschreiben an einen der Attentäter, L. Minucius Basilus (Cicero, *ad familiares* 6,15, → Text 5.3).

15. März abends: Die Attentäter hatten die Absicht gehabt, Caesars Leichnam in den Tiber zu werfen, seine Güter zu konfiszieren und alle seine Anordnungen für ungültig zu erklären, aber aus Furcht vor dem Konsul Marcus Antonius und vor Lepidus, dem Adjutanten Caesars, führten sie diesen Plan nicht aus (Sueton, *Divus Iulius* 82).

- Die Attentäter halten eine Besprechung auf dem Capitol ab (Cassius Dio 44,21,3. Nicolaus Damascenus, *Caesar*, FGrH (= Fragmente Griechischer Historiker) 190, F 130, 101; Appian, *Bellum civile* 2,515). Cicero nimmt daran teil, lehnt aber das Ansinnen ab, Antonius für die Rückkehr zur Mischverfassung (= Demokratie) zu gewinnen. Das sei aussichtslos (*Philippicae* 2,89). Er schlägt dagegen vor, die Praetoren sollten den Senat auf das Capitol berufen. Die Attentäter sollten das Volk für ihre Sache gewinnen und die Führung des Staats ergreifen (*ad Atticum* 14, 10, 1; 14, 14,2; 15,11, 2). Doch er setzt sich nicht durch. Man beschließt Verhandlungen mit Antonius. Cicero schreibt später, dass dies ein kindischer Plan war und den Erfolg der Attentäter vereitelte (*ad Atticum* 14, 21, 3; 15, 4, 2; 15,11, 2; *ad familiares* 12, 3, 1. 12, 4, 1; 10,28, 1; *Philippicae* 2,34; Nicolaus Damascenus, *Caesar* 105).

17. März 44: Im Tempel der *Tellus* (Erdgöttin, Fruchtbarkeitsgöttin) findet eine Senatssitzung statt. Der Konsul Antonius traut sich noch nicht, gegen die Caesarmörder vorzugehen (Nicolaus Damascenus, *Caesar* 50 und 106; Cicero, *ad familiares* 11,1,1;. *Philippicae* 2,90). Er stellt die Senatsbefragung unter das Thema *concordia*: „Wiederherstellung der Einheit der Volksteile" (*Philippicae* 1,2; 1,31; 2,90; Plutarch, *Antonius* 14,3; Plutarch, *Brutus* 19,1).

- Cicero tritt für eine Amnestie der Attentäter ein, damit der Frieden erhalten bleibe, verbindet dies aber mit einem Antrag, alle Amtshandlungen des *Dictators* Caesar als rechtsgültig anzuerkennen (*Philippicae* I 1; II 100; Cassius Dio 44,26,2; 31,4; Velleius Paterculus 2,58, 2; Plutarch, *Cicero* 42, 3. Cassius Dio 44, 33,1 – 3. Nicolaus Damascenus, *Caesar* 110). Er gesteht Atticus, dass er diesen Kompromissantrag aus Angst vor Antonius gestellt hat (*ad Atticum* 14, 6, 2; 14,9,2; 14,10,1; 14,14,2; 14,4, 3. 14,14, 1; *ad familiares* 12,1, 2; *Philippicae* 1,16 und 23). Der Antrag Ciceros wird angenommen.

18. März 44: Zu einer weiteren Senatssitzung erscheinen auch die Caesarmörder (Plutarch, *Brutus* 19,4). man beschließt unter anderem, für Caesar eine öffentliche Leichenfeier zu halten (Plutarch, *Brutus* 20,1). Cicero schreibt, nun sei alles verloren (*ad Atticum* 14,10,1; 14,14,3).

20. März 44: Leichenfeier für Caesar. Die Menge tobt, will die Häuser der Caesarfeinde in Brand stecken. Auch Cicero wird bedroht, sein Haus jedoch verteidigt (*ad Atticum* 14,10,1; *Philippicae* 2, 91; 3,30; Plutarch, *Cicero* 42,5). In den nächsten Tagen sorgen die Konsuln für eine Beruhigung (Cassius Dio 44,51,2). Langsam setzt sich Antonius an die Stelle Caesars.

M. Gelzer: M. Tullius Cicero, Cicero als Politiker, in: M. Gelzer, W. Kroll, R. Philippson, K. Büchner: M. Tullius Cicero, RE Sp. 827 – 1091, bes. 1029 – 1091 (auch: Sonderdruck aus Paulys Realencyclopädie der classischen Altertumswissenschaft, Stuttgart o.J.). – M. Gelzer: Caesar. Der Politiker und Staatsmann, Wiesbaden [6]1960, bes. 294 – 309. Die obige Darstellung folgt diesem Werk.

Arbeitsauftrag zur Interpretation

1 Vergleichen Sie die Darstellung des Ablaufs mit dem in folgenden Filmen:

- (William Shakespeare's) Julius Caesar, Regie: Joseph L. Mankiewicz. – Musik: Miklos Rozsa. – Darsteller: Caesar: Louis Calhern; Mark Anton: Marlon Brando; Brutus: James Mason; Casca: Edmond O'Brien; Calpurnia: Greer Garson; Portia : Deborah Kerr. USA 1953, remake 1981, 122 min.
- Julius Caesar, Regie: Uli Edel. Drehbuch: Peter Pruce, Craig Warner. Musik: Carlo Siliotto. – Darsteller: Caesar: Jeremy Sisto; Sulla: Richard Harris; Cato: Christopher Walken; Pompeius: Christopher Noth; Calpurnia: Valeria Golino; Vercingetorix: Heino Ferch; Cassius: Tobias Moretti; Marcus Antonius: Jay Rodan; Brutus: Ian Duncan; Lepidus: Christian Kohlund; Apollonius: Christopher Edridge; Aurelia: Pamela Bowen; Kleopatra: Samuela Sardo – Deutschland 2002, 170 min.

a) Wo folgt der jeweilige Film dem dargestellten Ereignisablauf? Wo weicht er davon ab?

b) Welche Filmeinstellungen vermitteln ein positives oder negatives Bild Caesars oder der Attentäter?

Vincenzo Camuccini, Caesars Tod (Gemälde, 1798)

5.2 Die Iden des März – Caesars Ermordung in der Darstellung Suetons

→ Hinweise zur Textpräsentation, S. 92

Sueton, Divus Iulius 82

1 Assīdentem / cōnspīrātī speciē officiī circumstetērunt, /
ilicōque Cimber Tillius, quī prīmās partēs suscēperat,/
quasi aliquid rogātūrus / propius accessit/
renuentīque et gestū in aliud tempus differentī / ab utrōque umerō togam adprehendit.
Deinde / clāmantem[1]: „Ista quidem vīs est" / alter ē Cascīs[2] / āversum / vulnerat paulum īnfrā iugulum.

2 Caesar / Cascae brachium arreptum / graphiō[3] trāiēcit /
cōnātusque prōsilīre / aliō vulnere tardātus est;
utque animadvertit / undique sē / strictīs pūgiōnibus / petī, / togā[4] caput obvolvit, / simul sinistrā manū sinum ad īma crūra dēdūxit, / quō honestius[5] caderet / etiam īnferiōre corporis parte vēlātā.
Atque ita tribus et vīgintī plāgīs cōnfossus est / ūnō modo ad prīmum ictum gemitū sine vōce ēditō, /
etsī trādidērunt quīdam / Mārcō Brūtō[6] / irruentī / dīxisse: „Kaì sý, téknon?"

3 Exanimis / diffugientibus cūnctīs / aliquamdiū iacuit, /
dōnec lectīcae impositum / dēpendente brachiō / trēs servolī domum rettulērunt.

assīdere sich (hin)setzen *erg.* **eum**
cōnspīrātus, -ī *m.* Verschwörer
speciē unter dem Schein von, Vorwand von
officium, -ī *n.* Diensteifrigkeit, Ergebenheit
circumsistere, -sistō, -stitī + *Akk.* sich um jdn herumstellen
īlicō sofort
Cimber Tillius *Eigenname*
partēs, -ium *f.* Rolle (*in einem Schauspiel, bei einer Aktion*)
suscipere, -cipiō, -cēpī auf sich nehmen, übernehmen
propius *Adv.* näher
accēdere, -cēdō, -cessī herangehen
renuere, renuō ablehnen
gestus, -ūs *m.* Bewegung, Handbewegung
differre, differō aufschieben
ab utrōque umerō an beiden Schultern
adprehendere, -prehendī ergreifen, packen
ista *auf* **vīs** *bezogen*: das (*da bei dir*)
quidem jedenfalls, ja
āvertere, āvertō, āvertī, āversum abwenden, sich abwenden
vulnerāre verwunden
īnfrā *m. Akk.* unterhalb (von)
iugulum, -ī *n.* Kehle
brachium, -ī *n.* Arm
arripere, -ripiō, -ripuī, -reptum an sich reißen, ergreifen
graphium, -ī *n.* Griffel, Schreibstift
trāicere, -iciō, -iēcī durchbohren
prōsilīre, -siliō aufspringen, nach vorn springen
tardāre, tardō hindern
ut sobald
animadvertere, -vertō, -vertī bemerken, wahrnehmen
undique *Adv.* von allen Seiten
pūgiōnem stringere, stringō, strīnxī, strictum den Dolch zücken
obvolvere, -volvō, -volvī verhüllen
sinister, -tra, -trum link(s)
sinus, ūs *m.* Togabausch
crūra īma, crūrum īmōrum *n.* die unteren Beine, Knöchel
īnferior, -ius, *Gen.* **īnferiōris** unterer
vēlāre, vēlō verhüllen, bedecken
plāga, -ae *f.* = **ictus, -ūs** *m.* Schlag, *hier:* Stoß, Stich
cōnfodere, -fodiō, -fōdi, -fossum durchbohren
modo nur
ictus, -ūs *m.* Stich
gemitus, -ūs *m.* Seufzer, Klagelaut
ēdere, ēdō, ēdidī, ēditum von sich geben
etsī auch wenn
quīdam manche
irruere, -ruō sich stürzen auf, anstürmen
dīxisse *ergänze* **eum**
kaì sy, téknon *griech.* **et tū, mi fīlī** auch du mein Kind
exanimis, -e leblos
diffugere, -fugiō in alle Richtungen fliehen, wegrennen
cūnctī, -ae, -a alle, allesamt (*ohne Ausnahme*)
aliquamdiū eine Zeit lang
lectīca, -ae *f.* Trage, Sänfte
dēpendēre, -pendeō hinab-, herabhängen
servolus, -ī *m.* junger Sklave

Nec in tot vulneribus, ut Antistius medicus exīstimābat, lētāle ūllum repertum est, nisī quod secundō locō in pectore accēperat.

4 Fuerat animus[7] coniūrātīs corpus occīsī in Tīberim trahere, bona pūblicāre[8], ācta rescindere, sed metū Mārcī Antōnī[9] cōnsulis et magistrī equitum Lepidī[9] dēstitērunt.

tot (*nicht deklinierbar*) so viele
medicus, -ī *m.* Arzt
lētālis, -e tödlich
ūllus, -a, -um irgendein
reperīre, reperiō, repperī, repertum (*nach Suchen*) finden
secundō locō an zweiter Stelle
pectus, -oris *n.* Brust, Herz
coniūrātus, -ī *m.* Verschwörer
Tīberis, -is *m.* Tiber (*Fluss, der durch Rom fließt*)
bona, -ōrum *n.* Güter, Besitz
pūblicāre, pūblico zum Staatsbesitz machen, konfiszieren
ācta rescindere Anordnungen für ungültig erklären
magister equitum, magistrī equitum Reiteroberst, Adjutant
dēsistere, -stitō, -stitī ablassen (von), etw. aufgeben

---

1 clāmantem *erg.* Caesarem – **2 alter ē Cascīs** einer der beiden Casca; *zu den Verschwörern gehörten zwei Männer dieses Namens* – **3 graphium, -ī** *n.* Griffel, Schreibstift *aus Metall zum Schreiben auf Wachstafeln* – **4 toga, ae** *f.* Toga, *das lange Gewand höhergestellter Römer in der Öffentlichkeit; die aus einem langen Tuch bestehende Toga wurde so um den Leib gewickelt, dass ein langes Ende über dem linken Unterarm hing und eine Art Tragetasche bildete* (Togabausch: **sinus**). – **5 quō honestius** damit er (umso) würdevoll(er) – **6 Mārcus Brūtus** *einer der Verschwörer, von Caesar stets geschätzt* – **7 animus mihī est** ich habe die Absicht – **8 pūblicāre** zum Staatsbesitz machen, konfiszieren → *Information S. 28 oben* – **9 Mārcus Antōnius, Lepidus** *Eigennamen (→ Grundwissen 2 und Text 5.1, zum 14. März 44 abends)*

Arbeitsaufträge zur interpretierenden Texterschließung

1 Kopieren Sie sich den Text. Unterstreichen Sie sodann alle Verbformen und kennzeichnen sie als B (bezogen, also abhängig von einer anderen Verbform) oder S (selbstständig, Hauptsatzprädikat). Umrahmen Sie dazu auch alle unterordnenden Konjunktionen.

2 Erstellen Sie eine kolometrische Übersicht über den Text und geben Sie den Inhalt der einzelnen Kola unter Berücksichtigung aller Wörter wieder.

Muster:

Kolon	lateinisch	S/B	deutsch	Bezug auf
Nr. 1	Assidentem	B	Caesar setzte sich hin.	2
Nr. 2	conspirati specie officii circumsteterunt;	S	Die Verschwörer stellten sich unter dem Vorwand der Pflichterfüllung um ihn herum.	–
Nr. 3	ilicoque Cimber Tillius,	zu 6	Und sofort ging Cimber Tillius,	(zu 6)
Nr. 4	qui primas partes susceperat,	B	der die erste Rolle übernommen hatte,	3
Nr. 5	quasi aliquid rogaturus	B	so als wolle er um etwas bitten,	6
Nr. 6	propius accessit.	S	näher an ihn heran.	–

Arbeitsaufträge zur Interpretation

3 a) Lesen Sie den Ablauf der Ereignisse auf S. 67–72 und stellen Sie zusammen, wo andere Autoren andere Einzelheiten nennen als Sueton.

3 b) Untersuchen Sie: Welche Vorstellung von Caesars Persönlichkeit erweckt Suetons Darstellung?

4 Text-Bild-Vergleich:
a) Beschreiben Sie die Einzelheiten des Gemäldes von Camuccini (S. 73) und zitieren Sie jeweils Passagen aus dem Text Suetons (*Divus Iulius* 82) dazu.

b) Erläutern und erörtern Sie: Welche Vorstellung von Caesar und den Attentätern vermittelt das Gemälde, welche Gefühle kann es auslösen?

5 Vergleichen Sie die Gemälde auf S. 71 und 77 mit Camuccinis Gemälde S. 73:

a) Worin weichen die Darstellungen voneinander ab?

b) Welches Gemälde entspricht am ehesten der Darstellung Suetons?

c) Was aus Suetons Darstellung ist in den verschiedenen Gemälden nicht berücksichtigt?

Verschwörung

cōnspīrātus, ī *m.:* Verschwörer, Kumpanen mit gleichen Zielen, ohne feierlichen Eid.
coniūrātus, ī *m.:* Verschwörer; die Beteiligten haben einen feierlichen Eid geschworen.
Die Geschichtswissenschaft verweigert den Attentätern die Bezeichnung Verschwörer, denn sie hatten keinen feierlichen Eid geleistet, sondern sich nur verabredet, an einem bestimmten Tag Caesar zu ermorden. Ob es sich um Widerstandskämpfer handelt, wird ebenso bezweifelt. Denn sie konnten zwar die Beschneidung einiger Freiheiten geltend machen, jedoch weder Unterdrückung ihrer Person und ihrer Ansichten noch Repressalien oder gar Gewalt. Aber immerhin sind 60 von 300 Senatoren eine beträchtliche Minorität. Zu finanziellen Motiven → Information S. 27 f.

LERNWORTSCHATZ

(Sueton, Divus Iulius 82)

partēs, -ium *f.*	Rolle *(in einem Schauspiel, bei einer Aktion)*
suscipere, -cipiō, -cēpī, -ceptum	auf sich nehmen, übernehmen
accēdere, -cēdō, -cessī, -cessum	herangehen
differre, differō, distulī, dīlātum	aufschieben
utérque, útraque, utrúmque	jeder von beiden, beide
toga, -ae *f.*	Toga *(trugen höhergestellte Römer in der Öffentlichkeit)*
āvertere, āvertō, āvertī, āversum	abwenden; *Pass.* sich abwenden
vulnerāre, vulnerō, vulnerāvī, vulnerātum	verwunden
ut	sobald
animadvertere, -vertō, -vertī, -versum	bemerken, wahrnehmen
undique	von allen Seiten
sinister, -tra, -trum	link(s)
sinus, -ūs *m.*	Togabausch *(das lange Stoffende der Toga hing über dem linken Unterarm und bildete eine Art Tragetasche)*
quō *m. Konj.*	damit
īnferior, -ius, *Gen.:* **īnferiōris**	unterer
modo	nur
ictus, ūs *m.*	Stich
ēdere, ēdō, ēdidī, ēditum	von sich geben
quīdam	manche
cūnctī, -ae, -a	alle (ohne Ausnahme)
ūllus, -a, -um	irgendein
reperīre, reperiō, repperī, repertum	*(nach Suchen)* finden
pectus, -oris *n.*	Brust, Herz
dēsistere, -stitō, -stitī	(davon) ablassen, etw. aufgeben

5.3 Cicero gratuliert einem Attentäter

Cicero war Zeuge der Ermordung Caesars. Wie die meisten Senatoren floh er aus der Senatssitzung. Doch zu Hause schreibt er sofort eine Nachricht an Basilus, einen der Attentäter.

Cicero, ad familiares 6,15

CICERO BASILO S.

1 Tibī grātulor, mihī gaudeō. Tē amō, tua tueor. Ā tē amāri et, quid agās quidque agātur, certior fierī volō.

S. = salūtem dicit grüßt
grātulārī, grātulor beglückwünschen, freudig danken
mihī *Dativus commodi* für mich
amāre, amō + *Akk.* jds Freund sein, jdm zugeneigt sein
tua, tuōrum deine Angelegenheiten, Interessen
tuērī, tueor schützen, wahren, eintreten für
certior fierī, fiō benachrichtigt, informiert werden

LERNWORTSCHATZ

(Cicero, ad familiares 6,15)

amāre, amō *m. Akk.*	jds. Freund sein, jdm. zugeneigt sein
tuērī, tueor, tuitus sum	schützen, achten auf, eintreten für

Arbeitsauftrag zur interpretierenden Texterschließung

1 Nennen Sie die zwei Wortfelder, die den Text prägen.

Arbeitsaufträge zur Interpretation

2 Erklären Sie, ob die verwendeten Ausdrücke zum Geschehen passen.

3 a) Vergleichen Sie den kurzen Brief mit Ciceros Äußerungen in Text 4.1, § 2, Nr. 2, 3, 6 und 9.
b) Erläutern Sie: Warum „gratuliert" er Basilus oder „sagt ihm Dank"?

4 Zum Umfeld des Briefes gehört noch: Cicero eilt nach Hause, er nimmt ein Schreibtäfelchen, schreibt darauf, bindet es zu, gibt es einem Sklaven, der es ins Haus des Basilus bringen soll. Versuchen Sie eine kurze szenische Darstellung und berücksichtigen Sie dabei:
a) Gestik und Mimik Ciceros bei den einzelnen Stationen des Geschehensablaufs von der Rückkehr nach Hause bis zur Beauftragung des Sklaven;
b) Verhalten und Gesichtsausdruck des Sklaven.

Carl Theodor von Piloty: Caesars Tod (Gemälde, 1865)

5.4 Cicero rechtfertigt „Tyrannenmord"

Cicero verfasste sein Werk *De officiis* (Die Pflichten) Oktober–Dezember 44 v. Chr., also bald nach Caesars Ermordung. Er gibt hier seinem Sohn Mārcus, der gerade in Athen als Student ein lockeres Leben führt, Lehren, wie junge römische Aristokraten ihr Leben führen sollen. Bei den konkreten Fallbeispielen spielt auch das Verhalten gegenüber Diktatoren und Gewaltherrschern in zwei längeren Abschnitten eine Rolle: *De officiis* 3,19–32 und 3,82–85.
In § 19 stellt geht er von folgenden Fragen aus: „Was kann ein größeres Verbrechen sein, als nicht nur überhaupt einen Menschen, sondern sogar eine befreundeten Menschen zu töten? Hat sich also jemand in ein Verbrechen verstrickt, wenn er einen Tyrannen getötet hat, so befreundet er auch mit ihm war? Dem römischen Volk jedenfalls erscheint das nicht so, das von allen ruhmvollen Taten diese für die schönste hält. Hat also der Nutzen die Ehrenhaftigkeit besiegt? Ganz im Gegenteil: Der Nutzen ist der Ehrenhaftigkeit gefolgt." Das will er im Folgenden beweisen.

Cicero, de officiis 3,19–31

21 Dētrahere igitur alterī aliquid
et hominem hominis incommodō
suum commodum augēre
magis est contrā nātūram quam mors,
quam paupertās, quam dolor, quam
cētera, quae possunt aut corporī
accidere aut rēbus externīs.
Nam prīncipiō tollit convīctum
hūmānum et societātem. Sī enim sīc
erimus adfectī, ut propter suum quisque
ēmōlumentum spoliet aut violet alterum,
disrumpī necesse est eam, quae maximē
est secundum nātūram, hūmānī generis
societātem.
22 <u>Ut</u>,
sī ūnum quodque membrum sēnsum
hunc habēret,
ut posse putāret sē valēre,
sī proximī membrī valetūdinem ad
sē trādūxisset,
dēbilitārī et interīre tōtum corpus
necesse esset,
<u>sīc</u>,
sī ūnus quisque nostrum ad sē rapiat
commoda aliōrum
dētrahatque, quod cuique possit,
ēmōlumentī suī grātiā,

dētrahere, -trahō, -trāxī, -tractum entziehen, wegnehmen
incommodum, -ī *n.* Nachteil
commodum, -ī *n.* Vorteil
paupertās, -ātis *f.* Armut
accidere, accidit passieren, zustoßen
rēs externae, rērum externārum *f.* äußere Werte *oder* Güter
prīncipiō *Adv.* zunächst
convīctus, -ūs *m.* Zusammenleben
societās, -ātis *f.* Gemeinschaft
adficī, -ficior, -fectus sum beschaffen, eingestellt sein
ēmōlumentum, -ī *n.* Vorteil, Nutzen
spoliāre, spoliō, spoliāvī, spoliātum berauben; plündern
disrumpere, -rumpō, -rūpī, -ruptum zerreißen, sprengen
necesse est disrumpī wird unumgänglich zerrissen (*Verschiebung der grammatischen Verhältnisse bei der Übersetzung)*
secundum *mit Akk.* gemäß
membrum, -ī *n.* Glied, Teil *(im Organismus oder Staat)*
sēnsus, -ūs *m.* Einstellung, Gefühl
ūnus quisque nostrum jeder einzelne von uns
necesse est *mit Konjunktiv* es ist notwendig, dass
grātiā *nach Genitiv* um … willen; wegen
posse putāret sē valēre valēre *hängt vom A.c.I.* **sē posse** *ab*
valētūdō, -dinis *f.* Gesundheitszustand
trādūcere, -dūcō, -dūxī hinüberführen, herüberbringen
dēbilitāre, dēbilitō schwächen
interīre, intéreō untergehen, umkommen
ūnus quisque nostrum jeder einzelne von uns
ēmōlumentum, -ī *n.* Vorteil, Nutzen
commūnitās, -ātis *f.* Gemeinschaft
ēvertere, ēvertō, ēvertī, ēversum zerstören
mālle, mālō, māluī lieber wollen
ūsus vītae Lebensunterhalt
pertinēre, -tínuī ad gehören zu, zu tun haben mit
adquīrere, -quīrō erwerben
repūgnāre, -pūgnō Widerstand leisten, sich widersetzen
patī, patior, passus sum zulassen, hinnehmen

societās hominum et commūnitās ēvertātur necesse est. Nam sibī ut quisque mālit, quod ad ūsum vītae pertineat, quam alterī adquīrere, concessum est nōn repūgnante nātūrā, illud nātūra nōn patitur: ut aliōrum spoliīs nostrās facultātēs, cōpiās, opēs augeāmus.

spolia, -ōrum *n.* Raub, Beute
facultās, -ātis *f.* Möglichkeit, Fähigkeit
opēs, -um *f.* Reichtum, Macht
augēre, augeō vermehren, vergrößern
dētrahere, -trahō, -trāxī, -tractum entziehen, wegnehmen

23 **Übersetzung:** „Und erst recht ist das nicht nur durch die Natur, nämlich das Völkerrecht, sondern auch durch die Gesetze der Staatsvölker, auf denen bei den einzelnen Staaten die Verfassung beruht, festgelegt: dass es nicht erlaubt ist, um des eigenen Vorteils willen einem anderen Schaden zuzufügen. Das nämlich haben die Gesetze im Blick, das ist ihr Wille, dass die Verbindung der Staatsbürger unangetastet bleibt. Wer sie zertrennt, den weisen sie in die Schranken durch Todesstrafe, Verbannung, Gefängnis, Vermögensverlust."

24–31 **Inhalt:** Dabei ist jeder gleich. Wenn jemand unbegabt, faul, krank oder sonstwie hinter äußerlich Leistungsfähigeren zurückfällt, berechtigt das in keiner Weise, sich auf dessen Kosten Vorteile zu beschaffen. Jeder muss auf gleiche Weise Nachteile tragen. Denn sonst wird der gemeinsame Nutzen aufgegeben, der ein staatliches Zusammenleben begründet. Es geschieht dann Unrecht, das gegen den gemeinsamen Nutzen und damit gegen die Natur des Menschen verstößt.

Genau das aber tun Tyrannen, Gewaltherrscher. Daher gilt:

Cicero, de officiis 3,32

32 Nūlla est enim societās nōbīs cum tyrannīs et potius summa distractiō est, neque est contrā nātūram spoliāre eum (sī possīs), quem est honestum necāre atque hoc omne genus pestiferum, atque impium ex hominum commūnitāte exterminandum est. Etenim: Ut membra quaedam amputantur, sī et ipsa sanguine et tamquam spīritū carēre coepērunt et nocent reliquīs partibus corporis, sīc ista in figūrā hominis feritās et immānitās bēluae ā commūnī tamquam hūmānitāte corporis sēgreganda est.

tyrannus, -ī *m.* → Grundwissen 3, S. 7
distractiō, -ōnis *f.* Trennung
possīs können solltest (*Potentialis*)
pestifer, pestífera, pestíferum verderblich
impius, -a, -um pflichtvergessen, gottlos
extermināre, exterminō vertreiben, verbannen
etenim nämlich; und in der Tat
commūnitās, -ātis *f.* Gemeinschaft
amputāre abschneiden, amputieren
sanguis, sanguinis *m.* Blut
spīritus, -ūs *m.* Lebensatem
carēre, careō *mit Abl.* nicht haben
figūra, -ae *f.* Gestalt
feritās, -atis *f.* Wildheit
immānitās, -ātis *f.* Rohheit, Bestialität
bēlua, -ae *f.* wildes Tier, Untier
commūnis, -e gemeinsam
tamquam sozusagen; gleichsam
hūmānitās, -ātis *f.* *hier* menschliche Gemeinschaft
sēgregāre, sēgregō absondern, entfernen

Arbeitsaufträge zur interpretierenden Texterschließung

1 Gliedern Sie die Sätze in § 21 und erfassen Sie dabei den Inhalt, indem Sie besonders das Sachfeld „Nehmen, Vorteil" und den Gegensatz dazu, „Wegnehmen, Zerstören, Nachteile", sowie das Wortfeld „Natur des Menschen" beachten.

Muster:

Raub, Zerstörung	eigener Vorteil	Natur
detrahere alteri aliquid		
hominis incommodo	suum commodum augere	magis est contra naturam quam

2 Gliedern Sie die Sätze in § 22 und erfassen Sie dabei den Inhalt, indem Sie weiterhin die Ausdrücke zu den Sachfeldern „Nehmen, Vorteil", „Wegnehmen, Zerstören, Nachteile" und zusätzlich das Sachfeld „Natur, Körper, Gesundheitszustand" sammeln.

3 Gliedern Sie die Sätze in § 32 und erschließen Sie dabei den Inhalt weiter über die Sachfelder „Wegnehmen, Zerstören, Nachteile" und „Natur, Körper, Gesundheitszustand".

4 Erstellen Sie eine Satzabbildung zum ersten Satz in § 22 (*Ut, si unum …*) sowie zum zweiten Satz in § 32 (*Etenim: ut …*). → S. 92

Arbeitsaufträge zur Interpretation

5 *Dētrahere igitur alterī aliquid et hominem hominis incommodō suum commodum augēre … est contrā nātūram:*

a) Legen Sie Ciceros Gedankengang in den §§ 19 - 32 dar.

b) Legen Sie (in einer Paraphrasierung) Ciceros Gedankengang in den §§ 19 - 32 dar.

c) Belegen Sie, wie Cicero in den §§ 19 - 32 seine Argumentation auf die Rechtfertigung des Tyrannenmords zuspitzt. Benutzen Sie dabei auch Ihre Sammlung zu den Wortfeldern.

6 Vergleichen Sie Ciceros hier geäußerte Meinung mit Text 4.3.

7 Cicero vergleicht in § 32 körperliche Krankheiten mit staatlichen Problemen. Erörtern Sie die Vor- und Nachteile des Vergleichs:

a) Untersuchen Sie, ob der Vergleich überzeugend ist.

b) Cicero betont, dass er nicht Minderheiten, Kranke, sozial Schwache dominieren oder gar „ausmerzen" will. Untersuchen Sie: Welche Gruppen sind dennoch in seinem Vergleich Körper-Staat von „Ausmerzung" nicht ausgeschlossen?

8 In *De re publica (Der Staat*) zeigt Cicero auch Mechanismen, mit denen sich die drei Gruppen des Staates gegenseitig kontrollieren: Herrscher (= Konsuln), Aristokraten (= Senat), Plebs (= Volksversammlungen). Heute spricht man von „checks and balances". Untersuchen Sie: Wie berücksichtigt Cicero solche Kontrollmechanismen in seiner Lehre vom gerechtfertigten Tyrannenmord?

Zentrale Begriffe und Konzeptionen

rēs externae, rērum externārum *f.*: äußere Werte oder Güter. Aristoteles (ca. 384 – 321) unterschied ethische (ehrenhaftes Verhalten), geistige (vernunftgemäße Tätigkeit) und äußere Güter (Gesundheit, Reichtum), die in unterschiedlichem Ausmaß Voraussetzung für menschliches Glück sind.

nātūra: Cicero geht hier von seinem (stoisch geprägten) Naturbegriff aus, nach dem im Menschen verankert sind: Sozialtrieb (*cūra, amor*), Erkenntnistrieb (*vērī inquīsītiō*), Streben nach Unabhängigkeit und Freiheit (*appetītiō prīncipātūs*, eigentlich: Streben nach der ersten Stelle). Dieses wird von Cicero aber eingeschränkt: Der Mensch höre gerade wegen seines Erkenntnistriebes auf moralische und theoretische Unterweisungen und ordne sich einer guten politischen Führung unter. Außerdem ergebe sich aus der rationalen Natur des Menschen die *magnitūdō animī*, „die Größe des auf Tat ausgehenden Denkens": Durch diese Einstellung sehe der Mensch Unglück, kurzfristige Vorteile und Ähnliches als unwichtig an gegenüber der Durchsetzung von Vernunft (*ratio*) und Freiheit.

Die berühmteste Anwendung des **Körper-Staat-Vergleichs** findet sich bei Livius, *ab urbe condita* 2,32. Er berichtet davon, dass der Patrizier Menenius Agrippa 503 v. Chr. die Plebs, die sich der Mitarbeit im Staat wegen ständiger Benachteiligung verweigerte, so überzeugt habe: Der Senat liege in der Mitte des Staates und genieße die Lieferungen und Leistungen der anderen Schichten, aber er leistet die meiste Arbeit, um den Staat mit allen seinen Untergliederungen am Leben zu erhalten. Ähnlich liege der Magen in der Mitte des Körpers und die anderen Körperteile müssten ihm zuarbeiten, weil sonst der gesamte Körper seinen Dienst versage und zusammenbreche. Damit will Menenius Agrippa die Vorrechte und die Herrschaft der Nobilität im Senat rechtfertigen und plausibel machen. Paul Barié sieht dieses „organizistische Staatsmodell" als „primitive (urtümliche) Herrschaftsideologie" an und zeigt drei Gefahren: Die Leistung des Zentralorgans unterliegt keiner Kontrolle. Der Vorschlag der Amputation von Gliedern, die sich nicht der Herrschaft fügen, kann auf viele Gruppen angewendet werden. Es wird festgeschrieben, wer das machtausübende Zentralorgan ist. (Paul Barié: Die „mores maiorum" in einer vaterlosen Gesellschaft, Frankfurt am Main / Berlin / München 1973, 99 – 128.)

In *De officiis* 3,83 bezieht Cicero seine Lehre ausdrücklich auf Caesar. Er unterstellt ihm, er habe König sein wollen (Caesar hatte den Titel stets abgelehnt, war aber gerade im Jahr 45 Konsul auf 10 Jahre geworden), und er kritisiert, dass gerade Caesar *pater patriae* genannt wurde (Titel ebenfalls 45 verliehen): „Da steht er dir vor Augen, der König des römischen Volkes und Sklavenhalter aller Völker zu sein heiß begehrt und das auch durchgesetzt hat. Wer von dieser Begierde sagt, sie sei ehrenhaft, ist verrückt. Er billigt nämlich den Untergang der Gesetze und der Freiheit und hält deren Unterdrückung, die scheußlich und verdammenswert ist, für ruhmvoll. Wer aber öffentlich sagt, es sei zwar nicht ehrenhaft, in dem Volk, das frei gewesen ist und frei sein sollte, als König zu herrschen, aber es sei für den nützlich, der das erreichen könne: Mit welcher Zurechtweisung oder vielmehr mit welcher Strafpredigt könnte ich den aus einer so großen Geistesverwirrung herausreißen? Kann denn, ihr unsterblichen Götter, auch nur irgendeinem der scheußlichste und abscheulichste Mord am Vaterland nützlich sein, auch wenn der, der sich in ihn verstrickt hat, von den Bürgern trotz ihrer Unterdrückung „Vater" genannt wird?"

LERNWORTSCHATZ

(Cicero, *de officiis* 3,19–32)

dētrahere, -trahō, -trāxī, -tractum	entziehen
commodum, -ī *n.*	Vorteil
paupertās, -ātis *f.*	Armut
societās, -ātis *f.*	Gemeinschaft
spoliāre, spoliō, spoliāvī, spoliātum	berauben; plündern
violāre, víolō	verletzten, vergewaltigen, Gewalt antun
secundum *mit Akk.*	gemäß
trādūcere, -dūcō, -dūxī, -ductum	hinüberführen, herüberbringen
interīre, intéreō, intériī, interitum	untergehen, umkommen
necesse est *mit A.c.i. oder Konjunktiv*	es ist notwendig, dass
grātiā *nach Genitiv*	um ... willen; wegen
commodum, -ī *n.*	Vorteil
mālle, mālō, māluī	lieber wollen
pertinēre, pertínuī ad	gehören zu, zu tun haben mit
patī, patior, passus sum	zulassen, hinnehmen
facultās, -ātis *f.*	Möglichkeit, Fähigkeit
opēs, -um *f.*	Reichtum, Macht
augēre, augeō, auxī, auctum	vermehren, vergrößern
impius, -a, -um	pflichtvergessen, gottlos
etenim	nämlich, und in der Tat
carēre, careō, caruī *mit Abl.*	nicht haben
nocēre, noceō, nocuī	schaden
sanguis, sanguinis *m.*	Blut
commūnis, -e	gemeinsam

5.5 Dante: Brutus und Cassius – Verräter

Zu Dante (1265–1321) ⟶ Information S. 84 oben

Dantes *Göttliche Komödie* siedelt Brutus und Cassius zusammen mit Judas Ischariot in der untersten Zone der Hölle (Inferno) an. Dort hat Lucifer sie in drei Mäulern.

Dante Alighieri, Göttliche Komödie, Die Hölle, 34. Gesang, Terzinen 21–23 (Übersetzung: Karl Streckfuß)[1]

21 „Quell‘ anima là sù c‘ha maggior pena“,
disse ‚l maestro, „è Giuda Scarïotto,
che ‚l capo ha dentro e fuor le gambe
mena.

21 Da sprach Vergil:
„Sieh hier die größte Pein!
Ischariots Kopf steckt zwischen
scharfen Fängen, Und außen
zappelt er mit Arm und Bein.

22 De li altri due c'hanno il capo di sotto,
quel che pende dal nero ceffo è Bruto:
vedi come si storce, e non fa motto;

22 Zwei andre sich, den Kopf nach unten hängen;
Hier Brutus an der schwarzen Schnauze Schlund
Sich ohne Laute winden, dreh'n und drängen;

23 e l'altro è Cassio, che par sì membruto.
Ma la notte risurge, e oramai
è da partir, ché tutto avem veduto".

23 Dort Cassius, kräftig, wohlbeleibt und rund – Doch naht die Nacht,
drum sei jetzt fortgegangen,
Denn ganz erforscht ist nun der Hölle Grund."

---

1 **Dante Alighieri,** Göttliche Komödie, Die Hölle, 34. Gesang, Terzinen 21–23. Dante Alighieris Göttliche Komödie, übersetzt und erläutert von Karl Streckfuß.Mit berichtigter Übertragung und völlig umgearbeiteter Erklärung neu herausgegeben von Dr. Rudolf Pfleiderer, Leipzig 1876.

Die Abbildung im Codex Altonensis

Judas Ischariot, Brutus und Cassius in den Klauen Satans (Abbildung im Codex Altonensis, einer Ausgabe von Dantes *Göttlicher Komödie* aus dem 14. Jh.)

Die Abbildung stammt aus dem Codex Altonensis, einer „illuminierten" Handschrift der *Divina commedia*, die in Norditalien im 14. Jh. entstand. Diese Handschrift gehörte ursprünglich dem Gelehrten Johann Peter Kohl, der sie im 18. Jh. neben vielen anderen Büchern dem damals in Hamburg-Altona ansässigen berühmten Gymnasium Christianeum schenkte. Teile der Bibliothek gingen an die Hamburger Staats- und Universitätsbibliothek.
Dieses Bild folgt der Beschreibung Dantes mehr als andere Gemälde. In der untersten Höllenzone wird der riesengroße Satan (Lucifer) bis zum Bauch im Eis festgehalten. Er kann diesem nicht entfliehen, obwohl er seine sechs Flügel bewegt. Er hat drei Gesichter, ein rotes, ein schwarzes, ein blassgelbes. Er frisst Verräter: in der Mitte Judas, den Verräter an Gott; ihm reißt er auch noch die Haut ab; rechts Cassius, den Verräter am Vaterland und am *pater patriae*; links Brutus, den Verräter an Vaterland, *pater patriae* und leiblichem Vater (vgl. Caesars letzte Worte „Auch du, Kind").

Nach H. Rothkegel, in: U. Andersen (Hg.): Kostbarkeiten der Bibliothek. Hamburg 1988.

Dante Alighieri (1265 – 1321)

Dante Alighieri (1265 - 1321) schrieb sein Hauptwerk *Divina Commedia* („Die göttliche Komödie") ab 1307. In dieser letzten Phase seines Lebens war er, in Florenz von einem Nachfolger seines ursprünglichen Dienstherrn zum Tode verurteilt, ständig auf der Flucht. In seiner *Divina Commedia* schildert er seinen Gang ins Jenseits, das er in drei Bereiche aufteilt: Hölle, Läuterungsberg (Purgatorium), Paradies. In der Hölle begleitet ihn der römische Dichter Vergil als Reiseführer. Diese Reise ist Sinnbild der Menschheitsgeschichte und unterschiedlicher Lebensauffassungen. In seiner kleinen Schrift *De monarchia* versuchte Dante, den Gedanken der römischen Weltherrschaft für seine Zeit fruchtbar zu machen und trat für die Trennung von staatlicher und kirchlicher Gewalt ein.

5.6 Salutati interpretiert Dantes Darstellung des Infernos

Coluccio Salutati (→ Information unten) **rechtfertigt ausdrücklich, dass Dante in seiner *Göttlichen Komödie* Brutus und Cassius zusammen mit Iudas Ischariot in der tiefsten Hölle grausam gepeinigt sieht. Die von Dante geschilderten Farben der Gesichter Satans erklärt Salutati in mittelalterlicher allegorischer Manier: Das Geschriebene wird also nicht wörtlich genommen, sondern übertragen ausgelegt.**

Coluccio Salutati, De tyranno 5,3

Et colōrēs quidem trium capitum referrī possunt ad trēs effectūs, quī gignuntur in mentibus peccātōrum. Prīmus est rubor, ex morsū cōnscientiae; secundus est pallor, ex metū poenae; tertius est nigrēdō, quī color est nōta ex māculā culpae.	Und die Farben der drei Häupter lassen sich auf die drei Wirkungen beziehen, die in den Seelen der Sünder erzeugt werden. Die erste Farbe ist Rot: vom Biss des schlechten Gewissens. Die zweite Farbe ist Blassgelb: von der Angst vor Strafe. Die dritte ist Tiefschwarz: von der Kennzeichnung der Besudelung durch Schuld.

Coluccio Salutati (1331 – 1406)

Coluccio Salutati (1331 - 1406) schreibt im Jahr 1400 seine Abhandlung (einen so genannten Traktat) *De tyranno*. Darin setzt er sich mit negativen Urteilen über Caesar auseinander, die Johannes von Salisbury (1115 - 1180) in seinem Werk *Policraticus* (entstanden 1156 - 59) und Cicero (insbesondere in seinen Briefen) geäußert haben. Salutati wehrt sich gegen die Qualifizierung Caesars als Tyrann und widerlegt Cicero und Johannes von Salisbury mit deren eigenen Widersprüchen. Er unterscheidet verschiedene Formen von Herrschaft und Tyrannis. Nur ein schlechter Regent, der nicht die Zustimmung des Volkssouveräns habe, dürfe getötet werden - in einer Art Notwehr. Caesar habe aber durch seine Machtergreifung den Staat gerettet, habe dem Staatswohl gedient und die Zustimmung der Volksmehrheit gehabt. Deswegen sei seine Ermordung unrechtmäßig, die Attentäter seien Verbrecher.

5.7 Salutati beurteilt Caesars Herrschaft als gut, die Attentäter als Verbrecher

Coluccio Salutatis Schlussurteil über Caesars Ermordung entspricht seiner Auffassung von Caesars Regierung und Machtausübung. → Information S. 86 f.

Coluccio Salutati, De tyranno 4,19

Quārē conclūdāmus illōs Caesaris occīsōrēs nōn tyrannum occīdisse, sed patrem patriae et clēmentissimum ac lēgitimum prīncipem orbis terrae, et tam graviter contrā rem pūblicam errāvisse, quam grave et dētēstābile potest esse, in quiēscente rē pūblica cīvīlis bellī furōrem et rabiem excitāre.
Nec illīs volō impōnere superbiam spīritūs, quā nēdum meliōrem suprā sē perpetī nōn poterant, sed sēcum etiam nec parem.
Nōn impōnam et ambitiōnem, quī nōn sōlum honōrēs ac magistrātūs spērābant, sed inter summōs Rōmae senātūs populīque Rōmānī prīncipēs numerārī. Hanc optābant, hanc spērābant, hanc intendēbant glōriam.
Sed ea nōn parricīdiō, nōn scelere, nōn superbiā, nōn ambitiōne paranda fuit. Vēram glōriam vēra virtūs gignit, nec alibī quam in vērae virtūtis laudibus reperītur.

Daher wollen wir als Schlussfolgerung festhalten: Jene Töter Caesars haben nicht einen Tyrannen getötet, sondern den Vater des Vaterlandes und den überaus milden und legitimen Führer des Weltkreises, und sie haben sich so schwer gegen das Vaterland vergangen, wie schwer und abscheulich es nur sein kann, in einem Staat, der Ruhe genießt, die Raserei und Gewalttätigkeit des Bürgerkriegs anzustacheln.
Und ich will es ihnen nicht als arrogante Gesinnung auslegen, dass sie keinen über sich ertragen konnten, der besser war, wohl aber, dass sie nicht einmal einen ihnen Gleichwertigen ertragen konnten. Ich will auch nicht denen Ehrgeiz vorwerfen, die nicht nur auf Ehren und Ämter hofften, sondern darauf, unter die bedeutendsten Führer des Senats und des römischen Volkes gezählt zu werden. Diesen Ruhm zu haben, das war ihr ständiger Wunsch, ihre ständige Hoffnung, ihre ständige Absicht. Aber das durfte man nicht durch Hochverrat (Vatermord), nicht durch Verbrechen, nicht durch Arroganz, nicht durch Ehrgeiz anstreben. Wahren Ruhm verschafft nur wahre Tugend, und nirgendwo anders wird er gefunden als im Preis wahrer Tugend.

Arbeitsaufträge zur Interpretation

1 Untersuchen Sie anhand Ihrer Ausarbeitungen insbesondere zu den Texten 2.1 – 4.3:
   a) Hat Salutati berechtigte Gründe für sein Urteil?
   b) Welche negative Kritik an Caesars Gegnern wird von Cicero (→ Texte 3.2 und 3.4), Plutarch (→ Text 2.3) und Sueton (→ Text 2.4) bestätigt?

2 Welche Kriterien hatte Cicero (→ Text 5.4), welche Kriterien hat Salutati für seine Beurteilung Caesars und des Attentats auf ihn? Welchen würden Sie folgen und aus welchen Gründen? Berücksichtigen Sie dazu Information S. 84 (unten).

3 Die Auffassung von *virtus* als selbstloser Einsatz für den Staat änderte sich im Lauf der Zeit. Im 1. Jh. v. Chr. entdeckte man das Recht der eigenen Regungen und Gefühle sowie das Recht sich gemäß seinem Ehrgeiz durchzusetzen. Dennoch ließen sich Ehrgeiz und

persönliche Interessen ganz wie heute mit Tätigkeit für den Staat und die Gesellschaft verbinden.
Untersuchen Sie: Inwiefern ist Caesar modern? Inwiefern entspricht er dem, was Salutati über ihn sagt? Vergleichen Sie gegebenenfalls moderne Politiker und die Art, wie sie persönliche Interessen und Arbeit und Einsatz für Staat und Mitbürger miteinander verbinden.

Caesars Vergehen – Caesars Leistungen für Rom: Pro und Contra

a) Die Vorwürfe gegen Caesar vor seiner Machtergreifung von 49 v. Chr. sind: Seine Kriege in Gallien waren formal nicht vom Senat genehmigt. Dem lässt sich entgegenhalten, dass die Senatoren Kriege nicht etwa als ungerechtfertigt verbaten, sondern um dem jeweiligen Befehlshaber keine politische Profilierung zu gönnen. Caesars Kriege kosteten über eine Million Menschenleben bei Galliern und Germanen. Dem lässt sich nichts entgegenhalten, außer, dass Gallier und Germanen, wenn sie ihre Völkerwanderungen erfolgreich durchgesetzt hätten, mit Römern nicht anders umgegangen wären.

b) Die Vorwürfe gegen Caesar ab 49 v. Chr. sind: Er setzte sich über alle Institutionen, Gremien und Gesetze hinweg, als er den Übergang über den Rubikon vornahm, und hat erst kurz vor seinem Tod daran gedacht, die alten Institutionen in veränderter Form wieder zur Wirkung zu bringen.

c) Caesars Aktionen und Maßnahmen brachten Rom und dem Römischen Reich Vorteile. Vom Beginn seiner Ämterlaufbahn als Quaestor in Spanien an verband Caesar sich einflussreiche Politiker und Herrscher in fast allen Teilen des Imperiums von West bis Ost, von Nord bis Süd und machte sie sich und Rom gewogen. Wie kein anderer seiner Zeit erkannte er, dass das römische Reich nicht wie die Stadt Rom regiert werden konnte, sondern organisatorischer Neuerungen bedurfte. Mit seinen Kriegen in Gallien verschuf Caesar sich sowie dem gesamten römischen Staat ungeheure Einkommensquellen (Sklaven, Edelmetalle). Mit seinen Landverteilungsmaßnahmen sorgte der Konsul Caesar 59 für soziale Ruhe unter den wirtschaftlich benachteiligten Soldaten und Plebejern.

d) Seine Entscheidung für den Bürgerkrieg diente auch der Ausschaltung einer korrupten und grausamen, meist unsozialen Führungsschicht. Diese behauptete, für die Werte der alten römischen Republik *(rēs pūblica)* zu kämpfen, aber es waren nur sie selbst, die diese Republik repräsentierten und beherrschten. Der Philosoph Montesquieu sagt sinngemäß: Hätten Caesar und Pompeius wie der Republikaner Cato gedacht (der die alten Wertvorstellungen verteidigte), dann hätten eben andere gedacht wie Caesar und Pompeius (Charles de Secondat, baron de Montesquieu, Considérations sur la grandeur des Romains et leur décadence, Amsterdam 1734).

e) In der Zeit zwischen 49 und 44 versuchte Caesar seine Politik der clēmentia (Texte 3.1, 3.3, 4.3). Er bekämpfte aber Amtsmissbrauch. Er schränkte die sogenannten Gesandtschaften ohne öffentliche Aufgabe ein.
Mit diesen Gesandtschaften hatten sich viele Senatoren als angebliche Vertreter Roms in Provinzen begeben und private Geschäfte betrieben. Er begrenzte die Statthalterschaften auf zwei Jahre für ehemalige Konsuln, auf ein Jahr für ehemalige Prätoren.
Er verschärfte die Maßnahmen gegen Gewaltanwendung durch Amtsträger und Hochverrat. Er sorgte für eine neutrale Besetzung der Geschworenengerichte.
Er verlieh den Bürgern vieler Gebiete das römische Bürgerrecht. Diese konnten sich

nun viel mehr mit dem römischen Reich identifizieren. Er organisierte die Verwaltung in vielen Orten Italiens neu.
Seine ausgedienten Soldaten siedelte er in verschiedenen Gebieten Italiens an, etwa 80 000 Bewohnern der Stadt Rom besorgte er Siedlungsgebiete außerhalb Italiens und damit eine Existenzgrundlage. Damit verbunden war die Gründung vieler neuer Städte.
Er reduzierte die Zahl der Römer, die Getreideversorgung auf Staatskosten erhielten, von 320 000 auf 150 000, wodurch der Anreiz zur Umsiedlung erhöht und die Staatsfinanzen wieder planbar wurden. Andererseits sorgte er für finanzielle Förderung kinderreicher Familien und stoppte so den Bevölkerungsrückgang. Er reduzierte auch die Zahl der sogenannten Vereine *(collēgia)* von Handwerkern und anderen Gruppen, die oft für oppositionelle Bewegungen sorgten. Seine Kalenderreform schuf die Zeitrechnung, der wir heute noch mit wenigen Änderungen folgen. Caesar stellte, von Astronomen beraten, den römischen Kalender auf das Sonnenjahr um.
Mit Caesar begann auch eine rege Bautätigkeit zur Verschönerung Roms als Hauptstadt (Caesar hatte dabei das Bild der ägyptischen Hauptstadt Alexandria im Kopf).

f) Aber Caesars Macht war vielen an der alten Staatsform hängenden Aristokraten zu stark, obwohl sie selbst keinerlei Reformen und Verbesserungen ausführten oder im Sinn hatten. Die Form der alten Republik mit zwei oft konkurrienden Konsuln, einem zerstrittenen Senat, der eigene aristokratische Interessen verfolgte, und einem von agitatorischen und machtbewussten Volkstribunen gelenkten Volksversammlungen war insofern überholt, als alle Gruppen von Macht- und Geldinteressen beherrscht waren und den Gedanken an die alte Republik nur formal hochhielten. Sie war erst recht überholt, weil mit dieser Organisation Roms das groß gewordene Römische Reich nur schlecht beherrscht werden konnte, denn die widerstrebenden Interessen führten zur Ausnutzung der Provinzen, aber auch dazu, dass römische Amtsträger von fremden Herrschern benutzt werden konnten.
Cicero hielt den Gedanken an die nicht korrupte Form der Republik hoch, konnte aber kaum etwas erreichen, um sie wiederherzustellen. Pompeius hatte viele gute Leistungen vorzuweisen, musste aber mit dem machtbewussten Senat Kompromisse schließen, um sich an der Macht zu halten.

Anhang

Erschließung von Sätzen und Texten

Ein Text (eigentlich „Gewebe“) besteht aus Sätzen. Um ihn zu verstehen, gilt es zu erkennen, wie die Teile eines Textes miteinander verbunden sind und zusammen den Text bilden. Im Folgenden einige Tipps dazu.

1 Gliedern von Sätzen

Man kann sich lange Sätze als eine Kombination von kurzen Sätzen vorstellen: Ein Satz wird in einen anderen eingefügt (oder: eingebettet). Damit wird gezeigt, dass sie zusammengehören und eine inhaltliche Einheit bilden. Es gibt zwei Einbettungsmittel:

a) unterordnende Konjunktionen (z. B. *ut, cum, dum, quod, etsī*);

b) Kasusendungen (bei den Erscheinungen A.c.i., Prädikatives Partizip = Participium coniunctum, Ablativ mit Prädikativum = Ablativus absolutus, *nd*-Fügungen = Verbindungen einer *nd*-Form mit anderen Satzgliedern. *Beispiele:*

1.1 Einordnung durch eine unterordnende Konjunktion, hier: *ut* (Text 1.2, Bellum civile 1,1)

A Litterae C. Caesaris in senātū recitentur!
Gaius Caesars Briefe sollen im Senat verlesen werden.

B Aegrē a cōnsulibus impetrant.
Nur mit Mühe setzen sie es bei den Konsuln durch.

Man fragt nach Satz A („C. Caesars Briefe sollen im Senat verlesen werden“) so:
Was setzen sie mühsam bei den Konsuln durch? Das bedeutet: Satz A ist inhaltlich Objekt zu Satz B. Entsprechend wird er Satz B zugeordnet, hier mit der unterordnenden Konjunktion *ut*.

A		litterae C. Caesaris in senātū recitentur
B	aegrē a cōnsulibus impetrant, **ut**	

Bei Satzgefügen in der Vergangenheit muss im *ut*-Satz Konjunktiv Imperfekt zum Ausdruck der Gleichzeitigkeit verwendet werden:

A Litterae C. Caesaris in senātū recitentur!
C. Caesars Briefe sollen im Senat verlesen werden.

B Aegrē a consulibus impetrāvērunt.
Nur mit Mühe setzten sie das bei den Konsuln durch.

A		C. Caesaris in senātū recit	-e-	ntur
B	aegrē a cōnsulibus impetrāvērunt, **ut**		a-re-	

Ähnlich in dem Satz: *Ut vērō ex litterīs ad senātum referrētur, impetrārī nōn potuit.* Dass aber aus dem Brief eine Vorlage an den Senat gemacht wurde, konnte nicht erreicht werden. Allerdings ist der *ut*-Satz hier Subjekt zum Hauptsatz (Was konnte nicht erreicht werden?).

1.2 Einordnung als A.c.i.

A Nōs ūllam dē rē pūblicā pactiōnem factūr-ī sumus.
Wir werden eine Vereinbarung über die Macht im Staat schließen.

B Adversāriī negant. Die Gegner lehnen es ab.

Man fragt von Satz B nach Satz A: Was lehnen die Gegner ab? Satz A ist Objekt zu Satz B. Das wird durch Einbettung als A.c.i. verdeutlicht. Dabei wird das Subjekt des Satzes A zum Akkusativ-Subjekt im A.c.i., das Prädikat des Satzes A zum Akkusativ-Prädikat des A.c.i.

A		nōs	ūllam dē rē pūblicā pactiōnem factūr	-ī sumus
B	adversāriī negant	sē		-ōs (esse)

Adversāriī / se ūllam dē rē pūblicā pactiōnem factūrōs / negant.
Die Gegner lehnen es ab, irgendeine Vereinbarung über die Macht im Staat zu treffen.

Anmerkung: Verben lassen sich in alle Kasus setzen:
Der Infinitiv kann Nominativ und Akkusativ sein: *facere, facere.*

In den anderen Kasus verwendet man dafür *nd*-Formen, leitet also von dem Stamm des Verbs zur Kasusendung durch das Element *nd*- über, eventuell durch einen sogenannten Sprechvokal ergänzt: *faci-end-ī , faciend-ō, ad faciend-um, faciend-ō.* Ist ein substantivisches Bezugswort vorhanden, kann die *nd*-Form wie ein Adjektiv in allen Formen erscheinen:

Singular: *faciend-us, -a, -um; faciend-ī, -ae, -ī; faciend-ō, -ae, -ō; faciend-um, -am, -um; faciendō, -ā, -ō.*
Plural: *faciendī, -ae, -a; faciend-ōrum, -ārum, -ōrum; faciend-īs; faciend-ōs, -ās, -a; faciend-īs.*

Verben können auch als Partizipien erscheinen und ebenfalls in alle Kasus gesetzt werden:

Singular: *facie-n-s, facie-nt-is, facie-nt-ī, facie-nt-em, facie-nt-e.*
Plural: *facient-ēs / facient-ia, facie-nt-ium, facie-nt-ibus. facient-ēs / facient-ia, facientibus.*

Singular: *factus, -a, -um; fact-i, -ae, -ī; fact-ō, -ae, -ō; factum, -am, -um; fact-ō, -ā,-ō.*
Plural: *fact-ī, -ae, -a; fact-ōrum, -ārum, -ōrum; fact-īs; fact-ōs, -ās, -a; fact-īs.*

1.3 Einordnung als prädikatives Partizip (Participium coniunctum)

A Caesar cunctātur. — Caesar zögert.
B Caesari ostentum factum est. — Caesar zeigt sich eine Erscheinung.

Man kann von Satz B nach Satz A fragen: Wann zeigte sich Caesar eine Erscheinung? Satz A ist also, vom Inhalt her gesehen, eine adverbiale Bestimmung zu Satz B.

A	Caesar		cunct	ā- tur	
B	Caesar	i		a- nt-ī	ostentum factum est

Caesari / cuntantī / ostentum factum est.
Caesar zögerte, aber da zeigte sich ihm eine Erscheinung.[1]
Anmerkung: Das Partizip Präsens zeigt, dass der geschilderte Vorgang gleichzeitig zu dem Vorgang ist, der im übergeordneten Prädikat geschildert wird. Da *factum est* erzählendes Perfekt ist, muss *cunctantī* ebenfalls mit Präteritum übersetzt werden.

1.4 Einordnung als Ablativ mit Prädikativum (= Ablativus absolutus)

A Cohortēs clam praemissae sunt.
Die Kohorten wurden heimlich vorausgeschickt *(an den Rubikon)*

B Caesar spectāculō pūblicō per dissimulātiōnem interfuit.
Caesar besuchte zur Täuschung eine öffentliche Schauspielaufführung.

Man kann von Satz B nach Satz A fragen: Wann nahm Caesar an einer öffentlichen Show teil? Satz A erfüllt also inhaltlich die Aufgabe einer adverbialen Bestimmung zu Satz B. Das kann man auch durch die Einbettung syntaktisch zeigen.

A	cohort	-ēs	clam	praemissa	-ae sunt
B	Caesar	-ibus		-īs	spectāculō pūblicō per dissimulātiōnem interfuit

Caesar / cohortibus praemissīs / spectāculō pūblicō per dissimulātiōnem interfuit.	Caesar schickte seine Kohorten voran, nahm aber selbst zur Täuschung an einer öffentlichen Show teil.

Andere Übersetzungsmöglichkeiten: Er schickte seine Kohorten schon heimlich vorweg, aber er selbst nahm zur Täuschung an einer öffentlichenSchauspielaufführung teil. Oder: Nachdem / Obwohl er seine Kohorten heimlich vorausgeschickt hatte, nahm er selbst zur Täuschung an einer öffentlichen Schauspielaufführung teil. – Oder: Zwar hatte er seine Kohorten heimlich vorausgeschickt, aber zur Täuschung nahm er an einer öffentlichen Schauspielaufführung teil.

Hinweis: Caesar hat selbst dafür gesorgt, dass die Kohorten vorausgeschickt wurden. Deswegen steht Caesar vor *cohortibus praemissīs* und man kann den Abl. + Präd (Abl. abs.) aktivisch übersetzen. Wäre jemand anderes für die Abschickung der Kohorten verantwortlich, stünde das Wort Caesar erst nach *cohortibus praemissīs* als Subjekt nur für *interfuit.*

1.5 Einordnung als nd-Fügung

A Mīlitēs virum audīre volunt. — Die Soldaten wollen den Mann hören.

B Mīlitēs concurrunt. — Die Soldaten eilen zusammen.

Man kann von Satz B nach Satz A fragen: Warum / mit welchem Ziel eilen die Soldaten zusammen? Satz B schildert also inhaltlich gesehen das Ziel, den sogenannten Finalgrund, für das Zusammenlaufen der Soldaten. Es bieten sich mehrere Möglichkeiten der Einbettung an:

- mit Partizip: *Mīlitēs hominem audīre volentēs concurrunt.*
  Die Soldaten wollen den Mann hören und daher eilen sie zusammen.
- mit *ut*-Satz: *Mīlitēs, ut hominem audiant, concurrunt.*
  Die Absicht ist früher als die Ausführung, deshalb steht der *ut*-Satz früher als das Prädikat des Hauptsatzes *concurrunt.*
- als *-nd*-Fügung: *Mīlitēs ad hominem audiendum concurrunt:* Um den Mann zu hören, eilen die Soldaten zusammen.

A	Mīlitēs		hominem aud	ī-re	volunt	
B		ad		i-end-um		concurrunt

2 Sätze sinngerecht lesen und Sätze verstehen

2.1 Kolometrisches Verfahren

Wer Texte liest, liest normalerweise nicht Buchstabe für Buchstabe oder Wort für Wort, sondern erfasst „Wortblöcke", zumindest die, die auf einer Zeile stehen. Bei der nicht so vertrauten lateinischen Sprache muss das geübt werden. Man kann die Sinneinheiten durch die sogenannte Kolometrie (das kolometrische Gliedern) erfassen (Kolon: Abschnitt, Metrie: Einteilen). Das Verfahren:

- Unterstreichen aller Verbformen und Umrahmen aller unterordnenden Satzverbinder (Konnektoren, Konjunktionen, Subjunktionen).
- Kennzeichnung der Verbformen als selbstständig (S) oder bezogen (E) formuliert. Untergeordnet bzw. bezogen sind alle nicht-finiten Verbformen, also solche, die keine Personalendung, kein Tempus- und Moduszeichen haben: Infinitive, Partizipien, *-nd*-Formen. Bezogen sind auch alle finiten Verbformen, die in Gliedsätzen stehen, deswegen gilt es, die unterordnenden Konnektoren zu kennen und zu markieren, weil sie immer die Erwartung auf ein bezogenes Prädikat konstituieren und diese Erwartung erfüllt werden muss.

Beispiel (Text 2.4 d, § 1):

Cum **ergō** [sublātam^B tribūnōrum intercessiōnem] [ipsōsque urbe cessisse^B]

nuntiātum esset^B, [praemissīs^B cōnfēstim clam cohortibus, nē qua suspīciō movērētur^B],

et spectāculō pūblicō per dissimulātiōnem interfuit^S **et** fōrmam, quā lūdum gladiātōrium

erat aedificātūrus^B, cōnsīderāvit^S **et** ex cōnsuētūdine convīviō sē frequentī dedit^S.

2.2 Auch eine ausführliche Übersicht ist hilfreich

Beispiel: Text 5.2, Arbeitsaufträge 1 – 2.

2.3 Auch eine Satzabbildung ist zur Verdeutlichung hilfreich

- **Hauptsätze** beginnen ganz links.
- **Gliedsätze ersten Grades** werden um eine Einheit eingerückt (einen Tabstopp). Gliedsätze ersten Grades (GS_1) hängen direkt vom Hauptsatz oder einem Satzglied im Hauptsatz ab.
- **Gliedsätze zweiten Grades** werden um zwei Einheiten eingerückt. Gliedsätze zweiten Grades (GS_2) hängen von einem Gliedsatz ersten Grades oder von einem Satzglied darin ab.
- **Gliedsätze dritten Grades** werden um drei Einheiten eingerückt. Gliedsätze zweiten Grades (GS_3) hängen von einem Gliedsatz zweiten Grades oder von einem Satzglied darin ab usw.
- Beim Einrücken ist Folgendes zu beachten: Irgendwann reicht der Platz der Zeile nicht mehr. Die Fortsetzung des eingerückten Abschnitts (Kolons) erfolgt dann auf der nächsten Zeile, muss allerdings direkt unter dem Beginn des Textes der vorigen Zeile, nicht ganz links, beginnen.

Der gesamte Satz wird eingerahmt. Darin werden wiederum Gliedsätze 1. Grades eingerahmt. Innerhalb der Gliedsätze 1. Grades werden Gliedsätze zweiten Grades eingerahmt usw. Links werden zur Verdeutlichung noch die Bezeichnungen HS (Hauptsatz), GS_1 (Gliedsatz 1. Grades), GS_2 (Gliedsatz 2. Grades) usw. eingetragen.

Das Ergebnis sieht so aus:

GS_1	Cum ergō [sublātam tribūnōrum intercessiōnem] [ipsōsque urbe cessisse] nuntiātum esset.
HS	[praemissīs cōnfēstim clam cohortibus]
GS_1	nē qua suspīciō movērētur,
HS	et spectāculō pūblicō per dissimulātiōnem interfuit et fōrmam,
GS_1	quā lūdum gladiātōrium erat aedificātūrus,
HS	cōnsīderāvit et ex cōnsuētūdine convīviō sē frequentī dedit.

2.4 Gliedern in einem Kurzverfahren

Bei entsprechender Übung genügt es, sich die Kola durch Schrägstriche abzutrennen und eventuell noch die Verbformen zu unterstreichen und unterordnende Konjunktionen einzurahmen. In dieser Textausgabe sind mehrere Texte zur Erleichterung der Arbeit bereits mit solchen Schrägstrichen versehen.

Text 1.2, § 1 (*Bellum civile* 1,1) sieht also in Kurzform gegliedert so aus:

1 Litterīs C. Caesaris cōnsulibus redditīs / aegrē ab hīs impetrātum est summā tribūnōrum plēbis contentiōne, / **ut** in senātū recitārentur. **Ut** vērō ex litterīs ad senātum referrētur, / impetrārī / nōn potuit.

Text 2.4 c, § 1 sieht, nur mit Schrägstrichen versehen, so aus:

1 Vērum neque senātū interveniente / et adversāriīs negantibus / ūllam sē dē rē pūblicā factūrōs pactiōnem, / trānsiit in citeriōrem Galliam, / conventibusque perāctīs / Ravennae substitit, / bellō vindicātūrus, / sī quid dē tribūnīs plēbis / intercēdentibus prō sē / gravius ā senātū cōnstitūtum esset.

2.5 Inhaltserfassung, eventuelle Übersetzung

Das ausführlich dargestellte Gliedern von Sätzen erfolgt immer mit der gleichzeitigen Erfassung des Inhalts. Bei der Lektüre deutscher Texte übersetzt man dabei die Abschnitte nicht, in Sprachen, die man beherrscht, ebensowenig. Beim Lateinischen kann man sich manchmal den Inhalt durch eine Art Übersetzung klarmachen. Dazu kann es am Anfang genügen, den Inhalt der einzelnen Kola als Hauptsätze zu formulieren. Dabei bettet man sozusagen die Satzabschnitte wieder aus dem Gesamtsatz aus und tut so , als handelte es sich um mehrere kurze Sätze. Beispiele:

Text 2.4 e)

1 Cūnctantī / ostentum tāle factum est.	Er zögerte. Da zeigte sich ihm eine Erscheinung.
Quīdam eximiā magnitūdine et fōrmā in proximō sedēns / repente appāruit / harundine canēns.	Jemand von ausnehmender Größe und Schönheit saß in der Nähe. So zeigte er sich plötzlich. Er spielte dabei auf einer Flöte.

Ad quem audiendum / cum praeter pāstōrēs plūrimī etiam ex statiōnibus mīlitēs concurrissent interque eōs et aeneātōrēs, / raptā ab ūnō tubā / prōsilīvit ad flūmen et ingentī spīritū classicum exōrsus / pertendit ad alteram rīpam.	Ihn wollte man hören. Außer den Hirten liefen auch die meisten Soldaten aus den Wachposten zusammen, darunter auch die Trompeter. Da entriss die Erscheinung einem die Trompete. Er sprang vorwärts in den Fluss, er gab mit riesigem Atemstoß ein Trompetenzeichen und er lief zum anderen Ufer.

Text 1.2:

1 Litterīs C. Caesaris cōnsulibus redditīs aegrē ab hīs impetrātum est summā tribūnōrum plēbis contentiōne, ut in senātū recitārentur. Ut vērō ex litterīs ad senātum referrētur, impetrārī nōn potuit.	Der Brief Gaius Caesars wird den Konsuln übergeben. Nur mit Mühe, unter höchster Anstrengung der Volkstribunen, wurde bei ihnen durchgesetzt, dass er im Senat verlesen wurde. Aber dass er dem Senat zur Beschlussfassung vorgelegt wurde: Das konnte nicht durchgesetzt werden.

Text 2.4d

1 Cum ergō / sublātam tribūnōrum intercessiōnem / ipsōsque urbe cessisse / nūntiātum esset, / praemissīs cōnfēstim clam cohortibus, nē qua suspīciō movērētur, / et spectāculō pūblicō per dissimulātiōnem interfuit / et fōrmam, quā lūdum gladiātōrium erat aedificātūrus, cōnsīderāvit / et ex cōnsuētūdine convīviō sē frequentī dedit. /	Das Interzessionsrecht der Tribunen war beseitigt. Sie selbst waren aus der Stadt gegangen. Das wurde gemeldet. Er schickte sofort Kohorten voraus. Es sollte kein Verdacht geweckt werden. Deswegen nahm er zur Täuschung an einer öffentlichen Schau teil. Und er besichtigte ein Modell, nach dem er eine Gladiatorenschule bauen wollte. Und wie üblich nahm er an einem gut besuchten Bankett teil.

3. Texterschließung – der Textzusammenhang

3.1 Semantische Erschließung

Die Sätze eines Textes stehen in einem Zusammenhang. Der Zusammenhang wird durch den Inhalt deutlich. Ihn kann man entweder sofort verstehen oder durch Beobachtungen zu den Sach- und Wortfeldern erschließen. Ein Wortfeld ist eine Sammlung von Ausdrücken. Sie gehören entweder grundsätzlich zu einem Sachbereich (z.B. Heer/Krieg: *exercitus, mīles, legiōnārius, aciēs, pūgnāre, proelium committere* usw.).
Oder sie werden durch ein zunächst genanntes Thema zu einer Einheit zusammengebaut: siehe das folgende Beispiel.
Es ist also sinnvoll, ein zu Beginn angeschlagenes Thema in den Ausdrücken des Textes zu verfolgen.
Beispiele: Text 1.3 beginnt mit (1) *omnibus hīs*, „ihnen allen": Das ist eine Wiederaufnahme von vorher Geschildertem. Die neue Aussage ist: *resistitur*, „wird Widerstand geleistet"; dem wird als Erläuterung angeschlossen: *omnibusque ōrātiō cōnsulis, Scīpiōnis, Catōnis oppōnitur*, „allen wird die Rede des Konsuls, Scipios und Catos entgegengestellt". Man kann erwarten: Entweder werden nun die Reden dargestellt oder aber es wird die Wirkung der Reden dargestellt. Die folgenden Sätze nehmen die drei Personen und ihre Namen wieder auf und nennen die Motive

der drei Redner. Dem wird als vierter Gegner (in §§4–5) Pompeius angeschlossen. Unter dem Gesichtspunkt „Motive" werden Dinge zusammengestellt, die unterschiedlich sind, aber hier alle zusammen Gründe für die Gegnerschaft zu Caesar darstellen: *veterēs inimīcitiae, dolor repulsae* (1), *aeris aliēnī magnitūdine et spē exercitūs ac prōvinciārum et rēgum appellandōrum largītiōnibus* (2), *eadem spēs prōvinciae atque exercítuum* (3) ; *nēminem dignitāte sēcum exaequārī volēbat, tōtum sē ab eius amīcitiā āverterat et cum commūnibus inimīcīs in grātiam redierat* (4); *infāmiā* (5).
Die Motivation wird in Verbformen ausgedrückt: *incitant* (1); *movētur* (2); *impellit* (3); *incitātus; quod ... volēbat* (4); *permōtus* und *studēbat* (5).
Die Verbformen zeigen aber auch: Mal wird die gegnerische Person als Objekt von Begierden und Hoffnungen dargestellt (dann stehen die Verbformen im Aktiv), mal als betroffenes Subjekt (dann stehen die Verbformen im Passiv). Mal werden Hauptsatzprädikate verwendet und die Motivationen in den Vordergrund gestellt. Mal werden Gliedsatzprädikate und Partizipien verwendet, die die Motivationen anderen Aktionen zuordnen.
Vgl. Text 1.3, Arbeitsauftrag 1; Text 1.4, Arbeitsauftrag 1; Text 1.5, Arbeitsauftrag 1; Text 3.2, Arbeitsaufträge 1–2.

3.2 Syntaktische Erschließung

Eine Reihe von syntaktischen Erscheinungen dienen der großflächigen Gestaltung eines Textes: Tempus; Modus, Diathese (Genus verbi, also Aktiv oder Passiv); Personenkennzeichnung; Konnektoren (Satzverbinder, z.B.: und, aber, daher, dann). Das sind all die Erscheinungen, nach denen man nicht vom Prädikat eines Satzes aus Fragen wie „wer, was, wen , wie" usw. stellen kann. Sie sind nur vom Text, vom Zusammenhang her erklärbar und bedingt. An der Verwendung dieser Erscheinungen kann man die Textart erkennen und umgekehrt legt die Textart nahe, auf welche Erscheinungen man achten muss.
Erzählungen und erzählende Teile sind durch die Tempora und durch Tempusadverbien gegliedert (z.B.: vorher, dann, später). Ferner lassen sie sich in verschiedene Elemente wie Bericht, Rede, Sentenz gliedern. Vgl. Grundwissen 5 (Elemente eines Erzählwerks, besonders „Abschnitte und Elemente in Geschichtswerken und Epen") und Arbeitsauftrag 2 zu Text 2.1 und 3.1.
Briefe und Reden sind durch die Personenverteilung oder den Personenwechsel gegliedert. Ebenfalls machen die Modi (Indikativ, Konjunktiv, Imperativ) und die Satzarten die Intentionen deutlich: Aussagen, Fragen, vorsichtige Behauptungen, Wünsche, Gedankenspiele.
Vgl. Arbeitsauftrag 1 zu Text 3.3.
Philosophische Texte und Abhandlungen (Traktate) sind durch gliedernde Zeichen (wie: erstens, zweitens) oder durch sinnvermittelnde Konnektoren / Satzverbinder (z.B. deswegen, daher, somit, also) gegliedert.

3.3 Gliedern und Erfassen ganzer Texte

Größere Texte kann man also erst einmal in Abschnitte gliedern.
Abschnitte kann man sodann in einer Verbindung von Satz- und Texterschließung durchgehen: Man unterstreicht die Verbformen, umrahmt unterordnende Konnektoren, trennt Kola ab und sucht gleichzeitig den Sinn der Abschnitte zu erfassen und mit dem jeweils vorigen zu vergleichen; dabei kann man sich ein Wortfeld farblich markieren. Dabei oder zuvor bobachtet man den Textaufbau anhand der Konnektoren, Tempora, Modi usw.
Entsprechend sind die Aufgaben zur interpretierenden Texterschließung gestaltet. Vgl. Text 1.3, Arbeitsauftrag 1 (S. 19); Text 1.4, Arbeitsauftrag 1 (S. 21); Text 2.1, S. 26, Arbeitsaufträge 1–3; Text 2.4, S. 39, Arbeitsaufträge 1–3; Text 3.1, S. 46, Arbeitsaufträge 1–3; Text 3.4, S. 57, Arbeitsauftrag 1; Text 4.3, S. 63, Arbeitsauftrag 1; Text 5.4, S. 80, Arbeitsaufträge 1–3.

Virtuelle Vokabelkartei

Hinweise zur Benutzung der virtuellen Vokabelkartei

Die virtuelle Vokabelkartei enthält alle Lernwörter Ihrer Lateinlektüre. Mit ihr können Sie die Vokabeln leicht und effektiv lernen und wiederholen. Im Internet finden Sie die Software hierzu. Einfach auf www.klett.de gehen und den **Online-Link 623165-0001** in das Suchfeld (links oben auf der Seite) eingeben.

Zum Aufbau:

Nach dem Start kommen Sie zur Trainingsauswahl. Sie entspricht dem Inhaltsverzeichnis der Lektüre. So können Sie das Kapitel, dessen Vokabeln Sie lernen wollen, direkt anwählen („Training starten"). Jede Vokabelbox entspricht einem Kapitel. Sie enthält für jede Vokabel ein Vokabelkärtchen. Jedes Kärtchen trägt den Titel und die Nummer des Kapitels oder des Textes, dessen Vokabeln Sie lernen wollen. Auf der Vorderseite steht die Vokabel, die im Text neu vorkommt und zum Lernvokabular gehört. Auf der Rückseite steht die deutsche Übersetzung. Die virtuelle Vokabelkartei folgt dem bewährten Prinzip: Alle Vokabeln, die Sie leicht behalten können, werden zunächst nicht wiederholt und alle, die Schwierigkeiten machen, immer wieder.

Und so erfolgt die Arbeit mit der virtuellen Vokabelkartei:

Alle neuen Karten sind zunächst in Fach 1. Sie lesen auf der Vorderseite der ersten Karte die lateinische Vokabel. Dann überlegen Sie, wie die Vokabel auf Deutsch heißt. Sie drehen die Karte um und kontrollieren, ob Ihre Antwort richtig war: War sie richtig, wandert die Karte automatisch in das Fach 2. War sie falsch, bleibt die Karte in Fach 1. Fach 2 können Sie erst dann bearbeiten, wenn hier alle Kärtchen vollzählig angekommen sind, wenn Sie also alle Vokabeln einmal richtig übersetzt haben. Jetzt geht es weiter: Die Kärtchen, die richtig waren, wandern weiter in das Fach 3; die, die falsch waren, gehen zurück in das Fach 1. Fach 3 wird wiederum erst dann bearbeitet, wenn es vollzählig ist. Und so geht es weiter bis zum Fach 5.

Bei jedem Fach gilt:

Bei einer falschen Antwort wandert die Karte in das Fach 1 zurück. So wird sichergestellt, dass Sie auch wirklich alle Vokabeln lernen.
Wenn Sie eine Vokabelbox vollständig gelernt haben, haben Sie die folgenden Möglichkeiten: Sie können die Lernrichtung ändern (also Deutsch → Latein), das Training wiederholen oder in der Trainingsauswahl ein weiteres Training starten.
Die „Trainingsauswahl" gibt eine Reihenfolge vor, in der die angegebenen Vokabeln gelernt werden. Sie können aber eigene Kombiboxen zusammenstellen und selbst Vokabeln ergänzen, die Sie zusätzlich üben wollen.
Wichtig ist, dass Sie mit der virtuellen Vokabelkartei regelmäßig arbeiten. Schon fünf bis zehn Minuten täglich reichen aus.

Online-Link 623165-0001

Lernwortschatz

Der Lernwortschatz in alphabetischer Reihenfolge

A

ac	und (*gleichsetzend, nicht addierend wie* et)
accidere, accidit, accidit	passieren
accipere, -cipiō, -cēpī, -ceptum	empfangen, bekommen
aciēs, aciēī *f.*	Schlacht
ad *mit Akk.*	bei, gegen … hin
addūcere, -dūcō, -dūxī, -ductum	heranführen
adficere, -ficiō, -fēcī, -fectum	ausstatten, prägen
adficī, -ficior, -fectus sum	beschaffen sein, eingestellt sein
adulēscēns, -entis *m.*	junger Mann
adventus, -ūs *m.*	Ankunft; Kommen
adversārius, -ī *m.*	Gegner
aedificāre, aedíficō, aedificāvī, aedificātum	bauen
aetās, -ātis *f.*	Alter
afferre, áfferō, áttulī, allātum; *ohne Konsonanten-angleichung:* adferre, ádferō, ádtulī, adlātum	herbeibringen
agere, agō, ēgī, āctum	tun, betreiben, handeln; *Pass:* geschehen
alter – alter, *Gen.*: alterīus, *Dat.*: alterī, *Akk.*: alterum	der eine – der andere *(von zwei Personen oder Gruppen)*
amīcitia, -ae *f.*	(*politische*) Freundschaft
angustus, -a, -um	eng, schmal
anteā *Adv.*	vorher
appārēre, appāreō, appāruī	erscheinen, sich zeigen
appellāre, appellō, appellāvī, appellātum	nennen, ernennen
arbitrārī, arbitror, arbitrātus sum	der Ansicht sein, meinen
auxilium, -ī *n.*	Hilfe

B

beātus, -a, -um	glücklich, gesegnet
bona, -ōrum *n. Pl.*	Güter, Besitz

C

cadere, cadō, cécidī, cāsum	fallen
caedere, caedō, cecīdī, caesum	niedermetzeln, töten
capere, capiō, cēpī, captum	ergreifen; nehmen; annehmen, übernehmen
caput, capitis *n.*	Haupt, Kopf
carmen, carminis *n.*	Gedicht

castra, -ōrum *n.*	Lager
cēdere, cēdō, cessī, cessum	weichen
cēnsēre, cēnseō, cēnsuī, cēnsum	(ein)schätzen, der Meinung sein
cīvis, -is *m.*	Bürger
cīvitās, -ātis *f.*	*Kollektivbegriff*: Volk, die Bürger
clāmāre, clāmō, clāmāvī, clāmātum	laut rufen, schreien
cōgitāre, cōgitō, cōgitāvī, cōgitātum	im Sinn haben, daran denken; beabsichtigen
colere, colō, coluī, cultum	pflegen, ehren
complūrēs, -ium	mehrere
cōnārī, cōnor, cōnātus sum	versuchen
concēdere, -cēdō, -cessī, -cessum	erlauben
concurrere, concurrō, concurrī, concursum	zusammenlaufen
cōnsequī, -sequor, -secūtus sum	einholen, erreichen
cōnsilium, -ī *n.*	Rat; Beschluss, Verabredung
cōnstantia, -ae *f.*	Standhaftigkeit, feste Gesinnung
cōnstituere, -stituō, -stituī, -stitūtum (dē)	festsetzen, beschließen (über)
cōnsuētūdō, -dinis *f.*	Gewohnheit
contendere, -tendō, -tendī, -tentum	sich anstrengen, darauf hin arbeiten
contrā *mit Akk.*	gegen
convenīre, -veniō,-vēnī, -ventum	treffen
copiāe, -ārum *f.*	Vorräte; Truppen
crūdēlis, -e	grausam
cupere, cupiō, cupīvī, cupītum	begehren, sehnlich wünschen

D

deesse, dēsum, dēfuī *mit Dat.*	jemandem fehlen, seine Hilfe entziehen, jemanden im Stich lassen
dēfendere, -fendō, -fendī, -fēnsum	abwehren; verteidigen, schützen
dein(de) *Adv.*	darauf
dēnique *Adv.*	schließlich
deus, -ī *m. Nom. Pl.*: dī	Gott
dīmittere, -mittō, -mīsī, -missum	wegschicken, entlassen
diū *Adv.*	lange (Zeit)
dolor, -ōris *m.*	Schmerz, Ärger
domum	nach Hause, in sein Haus
dux, ducis *m.*	Führer

E

effugere, -fugiō, -fūgī *mit Akk.*	entgehen, entkommen
etsī	auch wenn
ex *mit Abl.*	gemäß, nach
exercitus, -ūs *m.*	Heer

exīstimāre, exīstimō, exīstimāvī, exīstimātum	einschätzen, urteilen
expellere, -pellō, -pulī, -pulsum	hinaustreiben, vertreiben
exstinguere, -stinguō, -stīnxī, -stīnctum	auslöschen, *Pass.*: verlöschen, ausgehen

F

ferre, ferō, tulī, lātum	tragen, ertragen hinnehmen
ferrum, -ī *n.*	Eisen, Schwert
ferus, -a, -um	wild
fidēs, fideī *f.*	Treue, Zuverlässigkeit
fierī, fiō, factus sum	gemacht werden; geschehen, erfolgen
fīrmus, -a, -um	gesichert
flēre, fleō, flēvī, flētum	weinen
flūmen, fluminis *n.*	Fluss
fōrma, -ae *f.*	Gestalt; Schönheit; Modell

G

gaudēre, gaudeō, gavīsus sum *Semideponens*	sich freuen
genus, generis *n.*	Art, Geschlecht
glōria, -ae *f.*	Ruhm
gravis, e, *Komp.*: **gravior, gravius**	schwer; hart; ernst; gewichtig

H

hīberna, -ōrum *n. Pl.*	*befestigtes* Winterlager (*in dem die Truppen überwinterten)*
honestus, -a, -um	anständig; ehrenhaft (= *mit Wesen und Zielen des Menschen übereinstimmend*)
hūmānus, -a, -um	menschlich

I

iacēre, iaceō, iacuī	liegen
iácere, iaciō, iecī, iactum	werfen (*nach oben oder nach vorn*)
ignis, -is *m.*	Feuer
impedīre, impediō, impedīvī, impedītum	hindern, Einspruch erheben
imperātor, -ōris *m.*	Feldherr, Oberbefehlshaber
imperium, -ī *n.*	Oberbefehl; Herrschaft
impetrāre, impetrō, impetrāvī, impetrātum	erreichen, durchsetzen
impōnere, -pōnō, -posuī, -positum *mit Dat.*	auf etw. legen
incitāre, íncitō, incitāvī, incitātum	antreiben, aufstacheln
ingēns, *Gen.*: **ingentis**	gewaltig, ungeheuer
inimīcus, -ī *m.*	Gegner, Feind
inquit	sagte er, er sagte
īnstituere, -stituō, -stituī, -stitūtum	beginnen
interficere, -ficiō, -fēcī, -fectum	töten

intrā *mit Akk.*	innerhalb
ipse, ipsa, ipsum, *Gen.*: ipsīus, *Dat.*: ipsī	selbst
īre, eō, iī, itum	gehen
ita	so
itaque	daher
iter, itineris *n.*	Weg, Marsch; Tagesmarsch *(etwa 25 km, Eil- und Gewaltmärsche waren viel länger)*
iubēre, iubeō, iussī, iussum	anordnen
iūdicium, -ī *n.*	Gericht(sverfahren)
iungere, iungō, iūnxī, iūnctum	(ver-, an-)binden
iūs, iūris *n.*	Recht
iūstus, -a, -um	gerecht; normal, üblich

L

liber, librī *m.*	Buch(rolle)
līberī, -ōrum *m. Pl.*	Kinder
litterae, -ārum *f.*	Brief, Schriftstück, Schreiben
loquī, loquor, locūtus sum	reden, sprechen, sich äußern
lūx, lūcis *f.*	Morgenlicht, Tagesanbruch

M

magistrātus, -ūs *m.*	Beamter; Amt
magnitūdō, -tūdinis *f.*	Größe
manus, -ūs *f.*	Hand; Gewalt
maximē *Adv.*	besonders, am meisten
membrum, -ī *n.*	Glied, Teil (*in einem Organismus oder Staat*)
metus, -ūs *m.*	Angst, Furcht
mīles, mīlitis *m.*	Soldat
modo *Adv.*	gerade, eben
modus, -ī *m.*	Art, Weise, Methode
mors, mortis *f.*	Tod
movēre, moveō, mōvī, mōtum	bewegen, in Gang setzen; erregen, aufwühlen

N

nec	und … nicht
necāre, necō, necāvī, necātum	töten
necessārius, -a, -um	notwendig
necesse est *mit A.c.i. oder Konj.*	es ist unumgänglich, dass
negāre, negō, negāvī, negātum *mit A.c.i.*	sagen, dass … nicht
negāre, negō, negāvī, negātum *mit Inf. Futur*	sich weigern, zu …
nisī	wenn nicht; außer
nōndum *Adv.*	noch nicht

nōtus, -a, -um	bekannt
novus, -a, -um	neu
numquam *Adv.*	niemals

O

occīdere, -cīdō, -cīdī, -cīsum	töten
odium, -ī *n.*	Hass
ōs, ōris *n.*	Mund
ostendere, -tendō, -tendī, -tentum	zeigen

P

pars, partis *f.*	Teil; Seite, Partei
patī, patior, passus sum	hinnehmen, akzeptieren
pauca, -ōrum *n. Pl.*	weniges
paulum	ein wenig, etwas, kurz
pectus, pectoris *n.*	Brust
pecūnia, -ae *f.*	Geld, Vermögen
pellere, pellō, pepulī, pulsum	vertreiben, verjagen
persequī, -sequor, -secūtus sum	verfolgen
pervenīre, -veniō, -vēnī, -ventum	kommen
petere aliquid ab aliquō, petō, petīvī *oder* **pétiī, petītum**	jdn um etw. bitten
petere, petō, petīvī, petītum *mit Akk.*	angreifen
pietās, -ātis *f.*	Pflichterfüllung
pius, -a, -um	pflichtbewusst, pflichtgemäß
plēbs, plēbis *f.*	Plebs *(→ Information S. 47)*
plūrimī, -ae, -a	sehr viele
plūrimum *Adv.*	am meisten
potentia, -ae *f.*	*persönliche* Macht (*durch* Reichtum, *eigene Schutzkräfte u.Ä.*)
potestās, -ātis *f.*	Möglichkeit; Macht
potius *Adv.*	eher, vielmehr
praeter *mit Akk.*	außer
praetor, -ōris *m.*	Prätor
prior, -us, *Gen.*: **priōris**	früher, erster
prīvātus, -a, -um	privat, eigen
prō *mit Abl.*	vor; für
proelium, -ī *n.*	Schlacht
prohibēre, -hibuī, -hibitum ā	fernhalten von, (daran) hindern
prōmittere, -mittō, -mīsī, -missum	versprechen
propter *mit Akk.*	wegen
prōvincia, -ae *f.*	Provinz (*Amtsbereich eines Statthalters*)

proximus, -a, -um	nächster, der nächste
pūblicus, -a, -um	öffentlich, staatlich
putant	sie glauben, man glaubt

Q

quaerere, quaerō, quaesīvī, quaesītum	suchen, verlangen
quam *(fragend)*	wie
quam *mit Superlativ*	so … wie möglich
quasi	als ob; wie wenn
quid	etwas
quīque, quaeque, quodque	jeder (*adjektivisch*)
quisque, quidque; *Gen.*: cuiusque, *Dat.*: cuique, *Akk.*: quemque, quidque	(ein) jeder, (ein) jedes (*substantivisch*)

R

rapere, rapiō, rapuī, raptum	reißen, rauben, an sich reißen, wegnehmen
ratiō, -ōnis *f.*	Plan, Art, Verfahren
recitāre, recitō, recitāvī, recitātum	vorlesen
reddere, reddō, reddidī, redditum	zurückgeben, übergeben
redīre, rédeō, -iī, -itum	zurückgehen, zurückkehren
referre, referō, rettulī, relātum	zurückbringen, -tragen, berichten
relinquere, -linquō, -līquī, -lictum	verlassen
reliquus, -a, -um	übrig
reperīre, reperiō, repperī, repertum	(*nach Suchen*) finden
rēs pūblica, reī pūblicae *f.*	Staat *(mit Mischverfassung)*
resistere, resistō, réstitī	Widerstand leisten, sich widersetzen
rīpa, -ae *f.*	Ufer
rogāre, rogō, rogāvī, rogātum	fragen, bitten

S

scrībere, scrībō, scrīpsī, scrīptum	schreiben
sedēre, sedeō, sēdī, sessum	sitzen
senātor, -ōris *m.*	Senator, *Angehöriger patrizischer oder ausgesuchter plebejischer Familien mit Sitz im Senat*
sequī, sequor, secūtus sum *mit Akk.*	folgen
servare, servō, servāvī, servātum	retten, bewahren
servus, -ī *m.*	Sklave
sīc	so
simul	zugleich
sīn minus	wenn aber nicht, andernfalls
sine *mit Abl.*	ohne
sōl, sōlis *m.*	Sonne

spēs, speī *f.*	Hoffnung, Erwartung
statua, -ae *f.*	Standbild, Statue
studēre, studeō, studuī *mit Dat.*	sich bemühen um
subsequī, -sequor, -secūtus sum *mit Akk.*	gleich nachfolgen, sofort nachkommen
suī, sibī, sē, ā sē (*die Kasus des Reflexivpronomens der 3. Person)*	seiner, sich / ihm, sich / ihn, von sich / von ihm
suī, suōrum *m.*	seine Leute, seine Anhänger
summus, -a, -um	höchster
T	
tālis, -e	„so beschaffen" = derartig, so, von folgender Art
tamquam	sozusagen; gleichsam
tandem *Adv.*	endlich
tantus, -a, -um	so groß; *Pl. auch* so viele
temptāre, temptō, temptāvī, temptātum	versuchen
timēre, timeō, timuī (, nē)	fürchten (, dass)
tollere, tollō, sustulī, sublātum	wegnehmen, aufheben, beseitigen
tot (*nicht deklinierbar*)	so viele
trādere, trādō, trādidī, trāditum	überliefern
trahere, trahō, trāxī, tractum	ziehen, schleppen
trānsīre, -eō, -iī, -itum	(hinüber)gehen
trēs, tria	drei
tribunī plēbis, tribūnōrum plēbis *m.*	Volkstribunen
tunc	dann
turbāre, turbō, turbāvī, turbātum	verwirren
U	
ubī	sobald
ūnus, -a, -um	ein, ein einziger
utérque, útraque, utrúmque (*Gen.*: utrīusque, *Dat.*: utrīque)	jeder von beiden, alle beide
ūtī, ūtor, ūsus sum *mit Abl.*	anwenden, nutzen, Gebrauch machen von, Vorteil ziehen aus
V	
valēre, valeō, valuī	gesund sein, stark sein
velle, volō, voluī	wollen
vērō	darüberhinaus
vēstis, -is *f.*	Gewand
via, -ae *f.*	Weg, Straße
victōria, -ae *f.*	Sieg
vidērī, videor, vīsus sum	scheinen; offenbar sein

vidētur exīstimāvisse	er hat offenbar gemeint
vīgintī	zwanzig
vincere, vincō, vīcī, victum	siegen
vīrēs, -ium *f.*	Kräfte
virtūs, virtūtis *f.*	staatstreues Verhalten, Einsatz, Leistung
vīta, -ae *f.*	Leben
vocāre, vocō, vocāvī, vocātum	rufen
voluntās, -ātis *f.*	Wille
vōx, vōcis *f.*	Laut, Stimme
vulnus, vulneris *n.*	Wunde, Verwundung

Literatur

Adcock, F. E.: Römische Staatskunst, [2]1967.
Baldwin, B.: Suetonius. The biographer of Caesars, 1983.
Baltrusch, E.: Caesar und Pompeius, 2004, [2]2008.
Bleicken, J.: Die Verfassung der römischen Republik. Grundlagen und Entwicklung, 1975.
Brutscher, C.: Analysen zu Suetons *Divus Julius* und der Parallelüberlieferung, 1958.
Canfora, L.: Caesar. Der demokratische Diktator, Eine Biographie, 1999.
Christ, K.: Caesar. Annäherungen an einen Diktator, 1994.
Christ, K.: Krise und Untergang der Römischen Republik, 1979, [5]2007.
Dahlheim, W.: Julius Caesar. Die Ehre des Kriegers und die Not des Staates, 2005.
Dahlmann, H.: Cicero, Caesar und der Untergang der libera res publica, in: Gymnasium 75, 1968, 337–355.
Dorminger, G.: Gaius Iulius Caesar, Der Bürgerkrieg, 5f.
Drexler, H.: Dignitas, in: Klein, R. (Hg.): Das Staatsdenken der Römer, 1966, 231–254.
Flach, D.: Einführung in die römische Geschichtsschreibung, 1985, 273–289.
Gelzer, M.: Caesar. Der Politiker und Staatsmann, [6]1969.
Gelzer, M.: Cicero. Ein biographischer Versuch, 1969.
Gelzer, M.: War Caesar ein Staatsmann?, in: Gelzer, M.: Kleine Schriften 2, 1963, 286ff.
Gesche, H.: Caesar, 1976.
Geschichte mit Pfiff, Heft 9, 1987: Pompeius und Caesar.
Giebel, M.: Marcus Tullius Cicero in Selbstzeugnissen und Bilddokumenten, 1977.
Grant, M.: Caesar. Genie – Eroberer – Diktator, 1977.
Grant, M.: Sueton, in: Ders., Klassiker der antiken Geschichtsschreibung, 1973, 276–287.
Gugel, H.: Caesars Tod (Sueton, *Div. Iul.* 81,4–82,3), in: Gymnasium 77, 1970, 5–22.
Gugel, H.: Studien zur biographischen Technik Suetons, 1977.
Jehne, M.: Caesar, 4. aktualisierte Ausgabe, 2008.
Maurach, G.: Caesar der Geschichtsschreiber. Kommentar für Schule und Studium, 2003.
Meier, Chr.: Caesar, 1982.
Meier, Chr.: Entstehung des Begriffs Demokratie, 1970, bes. 70–150.
Meier, Chr.: Die Ohnmacht des allmächtigen Dictators Caesar. Drei biographische Skizzen, Frankfurt a. M. 1980, bes. 55–96 (Caesar) und 203–213 (Cicero).
Meier, Chr.: Das Gebot zu vergessen und die Unabweisbarkeit des Erinnerns, 2010
Pohlenz, M.: Antikes Führertum. Cicero *de officiis* und das Lebensideal des Panaitios, 1934/1967.
Rasmussen, D. (Hg.): Caesar, 1967.
Seel, O.: Cicero. Wort, Staat, Welt, [2]1961.
Sontheimer, K.: Gewalt und Terror in der Politik, in: Neue Rundschau 88/1, 1977, 1–12.
Steidle, W.: Sueton und die antike Biographie, 1951, [2]1963.
Stierle, K.: Geschehen, Geschichte, Text der Geschichte, in: Koselleck, R./ Stempel, W.-D. (Hg.): Geschichte – Ereignis und Erzählung, 1973, 530–534.
Strasburger, H.: Caesar im Urteil seiner Zeitgenossen, erw. Neuaufl. 1968.
Wallace-Hadrill, A.: Suetonius, [2]1995.
Will, W.: Julius Caesar. Eine Bilanz, 1992.
Will, W.: Veni, vidi, vici. Caesar und die Kunst der Selbstdarstellung, 2008.
Wyke, Maria (Hg.): Julius Caesar in Western Culture, 2006.
Yavetz, Z.: Caesar in der öffentlichen Meinung, 1979.